प्राचीन भारतीय साहित्य में ब्राह्मण

प्राचीन भारतीय साहित्य में ब्राह्मण

लेखक
डॉ. हिमांशु पण्डित

रिसर्च इंडिया प्रेस
नई दिल्ली

ISBN : 978-93-5171-170-4

मूल्य : ₹ 1495/-

प्रथम संस्करण : 2019
द्वितीय संस्करण : 2022

प्रकाशक :
रिसर्च इंडिया प्रेस
ई-6/34, संगम विहार
नई दिल्ली-110062
दूरभाष : 011-26047013, मोबाइल : 9818085794
E-mail: researchindiapress@gmail.com

टाईपसेटिंग
जी. आर. शर्मा

माता-पिता

तथा

श्रद्धेय गुरूवर

के

कर कमलों में

सादर समर्पित

विषयानुक्रमणिका

प्राक्कथन

इतिहास लेखन के प्रारम्भ में होने से लेकर अब तक वर्ण-व्यवस्था विषयक गहन अध्ययन तथा अनेक शोध पर्याप्त रूप से हुए हैं। अनेकानेक ग्रन्थ भी इस विषय पर लिखे जा चुके हैं। वर्ण व्यवस्था की उत्पत्ति से लेकर इसके जाति के रूप में परिवर्तित हो जाने तक तथा भारतीय समाज की दशोदिशा पर पड़े इसके प्रभावों पर विद्वत् जगत के एक बड़े वर्ग ने बड़ी ही गहराई से न केवल अध्ययन किया अपितु अपने-अपने चिंतन तथा मत-मतान्तरों के प्रकाश में सुविधानुसार इसके लिये एक अलग रूप से निर्धारित भी कर दिया।

जिस समय भारत में वर्ण व्यवस्था का प्रणयन किया गया था उस समय भारत के अतिरिक्त विश्व के अन्य भागों में सांस्कृतिक प्रबोध का प्रायः आभाव ही था। यही कारण है कि संसार का सबसे प्राचीन ग्रन्थ ऋग्वेद को माना जाता है। इसका सीधा अर्थ यह है कि जिस समय विश्व ज्ञानाभाव में था, भारत में ज्ञान की गंगा ऋग्वेद की ऋचाओं में बह रही थी। इसी ऋग्वेद के दशम् मण्डल के पुरुष सूक्त में सर्वप्रथम वर्ण-व्यवस्था के दर्शन होते हैं। अर्थात् ऋग्वेद के रचनाकाल तक भारतीय मनीषियों के पास मॉडल के रूप में कोई व्यवथा नहीं थी। निःसंदेह वर्ण-व्यवस्था पूर्ण रूपेण मौलिक एवं सर्वथा नई व्यवस्था थी।

उक्त तथ्य को नजर अंदाज कर विद्वानों के एक विशेष वर्ग ने इस वर्ण व्यवस्था को समाज के लिये विभाजनकारी व्यवस्था की संज्ञा दी और इसका आधार उन्होंने जाति व्यवस्था और इसमें समयान्तर में आई विकृति को बनाया जिसके कारण वर्ण-भेद, अस्पृश्यता, विशेषाधिकार अथवा अधिकारहीनता, उँच-नीच जैसी परिस्थितियाँ भारतीय समाज में प्रकट हुई। इतिहास लेखन का यह चलन इतिहासविद्वों, लेखकों से लेकर भारत के आम जनमानस में इतना गहरा बैठ गया कि भारतीय समाज एवं इतिहास का सबसे बड़ा अपराध वर्ण-व्यवस्था के प्रणयन को ही मान लिया गया।

और चूंकि तत्कालीन समाज में अध्ययन-अध्यापन, लेखन तथा व्यवस्थाओं के सूत्रपात एवं उनके प्रणयन का महत्वपूर्ण कार्य ब्राह्मणों के हाथ में था, स्वाभाविक रूप से ब्राह्मणों को इसका दोषी मानते हुए उन्हें खलनायक के रूप में चित्रित कर किया गया। ब्राह्मणों का एक ऐसा चित्र आम जनमानस के मन मस्तिष्क पर उकेर दिया गया कि ब्राह्मणों ने समाज को "न्यूनतम देने एवं अधिकतम लेने" की प्रक्रिया के चलते समाज में एक भेद एवं विभानजकारी पद्धति लागू की और इसका लाभ उठाते हुए सदैव विशेषाधिकारी बने रहें तथा समाज से सदैव ही अनावश्यक लाभ लेते रहे।

परन्तु यदि निरपेक्ष होकर और महीनता से प्राचीन भारत का अध्ययन किया जाये तो चित्र इसके उलट ही दिखाई देगा। वास्तव में जब पूर्वाग्रहों को त्यागकर सत्य की कसौटी पर ब्राह्मणों को कसा जायेगा तो पता चलेगा कि तत्कालीन समाज में जो भूमिका ब्राह्मणों ने निवर्हन की है उसके लिये वे सदैव आदर के पात्र रहेंगे। व्यवस्थाओं के प्रणयन से लेकर विदेशी आक्रमणों के झंझावतों को झेलते हुए भी भारतीय सांस्कृतिक मूल्यों का जो संरक्षण, संवर्धन ब्राह्मणों ने किया वे निःसंदेह उन्हें आदरणीय बनाता है।

प्रस्तुत ग्रन्थ में मैंने ऋग्वेद से लेकर उत्तर वैदिक कालीन साहित्य, रामायण, महाभारत से होते हुए जैन एवं बौद्ध साहित्य तक में ब्राह्मणों की उन्हीं स्थितियों एवं परिस्थितियों के अनुशीलन का भगीरथ प्रयास किया है। राजकीय संरक्षण होने के बावजूद भी किस प्रकार आश्रमों और गुरुकुलों में रहते हुए और षट्कर्मा जीवन व्यतीत करते हुए राजकीय अलिप्तता के साथ राजा एवं समाज को सही दिशा में गतिमान करने का कार्य ब्राह्मण प्राचीन भारतीय इतिहास के काल खण्डों में करते थे।

चन्द्रमौली भगवान शंकर के शिष्य भगवान परशुराम की अनुकम्पा से मुझे यह महत्वपूर्ण कार्य करने का सुअवसर प्राप्त हुआ है। यद्यपि अपने अत्यन्त सीमित एवं अल्प ज्ञान से भी मैं अनभिज्ञ न था तथा लेखकों जैसी बौद्धिक क्षमता का गर्व भी मैं नहीं कर सकता तथापि माता-पिता तथा गुरूवर के आशीर्वाद एवं मार्गदर्शन और मुझे स्नेह करने वाले मेरे अग्रजों-अनुजों तथा मित्रों के सहयोग एवं यथा संभव परामर्श की सहायता से अपना यह प्रथम प्रयास समाज के समक्ष प्रस्तुत करने में सक्षम हुआ हूँ।

इस महती प्रेरणा के प्रदाता श्रद्धेय गुरूवर प्रो. राकेश कुमार शर्मा, डीन, प्राच्य विद्या संकाय, गुरुकुल कांगड़ी विश्वविद्यालय का आभार ज्ञापित करना मेरा परम कर्त्तव्य है जिनके मार्गदर्शन में मैं यह कार्य कर पाया हूँ। यह पुस्तक आपके ही प्रोत्साहन का परिणाम है। आपको नमन।

इसके पश्चात् गुरूकुल कांगड़ी विश्वविद्यालय के प्राचीन भारतीय इतिहास संस्कृति एवं पुरातत्व विभाग के पूर्व विभागाध्यक्ष प्रो. प्रभात कुमार जिन्होंने सदैव बड़े भाई की भाँति मुझे स्नेह दिया को भी धन्यवाद ज्ञापित करता हूं। साथ ही मेरे अग्रज प्रो. देवेन्द्र कुमार गुप्ता, विभागाध्यक्ष प्राचीन भारतीय इतिहास, संस्कृति एवं पुरातत्व विभाग, गुरूकुल कांगड़ी विश्वविद्यालय तथा निदेशक, पुरातत्व संग्रहालय को भी मैं आभार प्रकट करता हूं जिनके सहयोग के बिना यह कार्य कर पाना दुष्कर था। इसी विभाग में कार्यरत डॉ. दिलीप कुशवाहा, असिस्टैण्ट प्रोफेसर जो कि न केवल मेरे सहकर्मी हैं अपितु श्रेष्ठ मित्र भी हैं, आपको भी मैं हृदय से आभार प्रकट करता हूँ कि अपने सदैव मुझे प्रोत्साहन दिया साथ ही सामाजिक ताने–बाने को समझने में मेरी सहायता की।

पुरातत्व संग्रहालय में कार्यरत श्री मनोज कुमार, क्यूरेटर, डॉ. सत्येन्द्र सिंह, असिस्टैण्ट क्यूरेटर, डॉ. दीपक घोष, असिस्टैण्ट आर्किविष्ट को भी हृदय से धन्यवाद देता हूं कि आपका सक्रिय सहयोग मुझे सदैव उपलब्ध होता रहा।

इस क्रम में एक अन्य महत्वपूर्ण नाम है डॉ. जगपाल एक ऐसा मित्र जिसने सदैव मुझे इस पुस्तक को लिखने के लिये प्रेरित किया और न केवल प्रेरित किया अपितु यह पुस्तक पाठकों के हाथों में पहुंचे इसके लिये हर संभव सहायता की। आपको भी हृदय से आभार।

समाज में कोई भी कार्य करना हो तो परिवारजनों का सहयोग और प्रोत्साहन ऊर्जा का कार्य करता है। मेरे माता–पिता का स्नेहाशीष तो सदैव मेरे शीश पर रहा ही मेरी धर्मपत्नी श्रीमती रेशु पण्डित का अमूल्य सहयोग भी मुझे ऊर्जा देता रहा। मेरे अनुज डॉ. शितांशु पण्डित एवं उनकी धर्मपत्नी डॉ. अनुराधा पण्डित का भी यथासंभव सहयोग मुझे मिला। डी.वी.ए. सेन्टेनरी पब्लिक स्कूल की अध्यापिका सुश्री नम्रता सैनी का भी महत्वपूर्ण एवं ऊर्जावान प्रोत्साहन मेरे लिये सहायक रहा। उपरोक्त परिजनों का धन्यवाद ज्ञापित करना उनके अमूल्य सहयोग का अवमूल्यन ही होगा।

और अन्त में उन समस्त श्रद्धेय विद्वतजनों को भी हृदय से आभार ज्ञापित करता हूँ जिनके स्तरीय ग्रन्थों का अध्ययन करके मैं यह पुस्तक पूर्ण कर पाया हूं। गुरुकुल कांगड़ी विश्वविद्यालय के प्राचीन भारतीय इतिहास, संस्कृति एवं पुरातत्व विभाग का विभागीय पुस्तकालय वह स्थान है जहां से मुझे प्रायः सभी स्तरीय एवं महत्वपूर्ण पुस्तकें इस कार्य को पूर्ण करने के लिये मिलती रहीं।

वैशाख शुक्ल तृतीया
(अक्षय तृतीया)
वि. सं. 2076
तदनुसार 7 मई 2019

हिमांशु पण्डित

प्रथम अध्याय

भूमिका

मानव जीवन के प्रारम्भ होने के बाद आदिम युग का मानव जंगलों एवं गुफाओं में रहता था। बहुत ही अव्यवस्थित एवं अनियोजित उसका जीवन प्रारम्भ में था। जंगलों में विचरना, कन्द-मूल-मांस खाना यही उसकी जीवन शैली थी। किन्तु शनैः शनैः-मानव जीवन सभ्यता की ओर अग्रसर हुआ। जैसे-जैसे मनुष्य सभ्य होता गया सांस्कृतिक तत्वों से भी उसका परिचय होता गया। जब मनुष्य सभ्य हो गया तब उसे अपनी जीवन शैली को सुचारू रूप से चलाने के लिए एक सुनियोजित व्यवस्था की आवश्यकता का आभास हुआ। एक ऐसी व्यवस्था जिसके आलोक में वह विकास के पथ पर उत्तरोत्तर गतिमान् हो सकता था। प्राचीन भारतीय मनीषियों ने इस हेतु जिस व्यवस्था का प्रणयन किया वह थी- वर्णव्यवस्था।

प्राचीन भारतीय मनीषियों ने समाज-व्यवस्था को सुचारू रूप से चलाने के लिए सभी मनुष्यों को चार वर्गों में समायोजित कर दिया। ये चार वर्ग थे- ब्राह्मण, क्षत्रिय, वैश्य एवं शूद्र। वर्ण-व्यवस्था का प्राचीनतम् उल्लेख ऋग्वेद के पुरुष सूक्त में मिलता है।

ब्राह्मणोऽस्य मुखमासीद्, बाहु राजन्यः कृतः।
ऊरू तदस्य यद् वैश्य, पद्म्यांशूद्रोंअजायत।। (ऋग्वेद 10/90/12)

इस मन्त्र के अनुसार विराट पुरुष के मुख से ब्राह्मण की, बाहु से क्षत्रिय की, उदर से वैश्य की एवं पैरों से शूद्र की उत्पत्ति हुई है। हालांकि एक महत्वपूर्ण तथ्य यहां यह भी है, कि वर्णोत्पत्ति के इस प्राचीनतम् उल्लेख में भी वर्ण शब्द का उल्लेख नहीं किया गया है। पूरी तरह से वैज्ञानिक पद्धति पर आधारित यह व्यवस्था कोई यकायक प्रस्फुटित घटना नहीं थी, अपितु इसका सोपानगत विकास हुआ जिसमें

सहस्रों वर्ष एवं अपार बुद्धि-विवेक ने काम किया। वर्णों के कर्तव्य निर्धारण में गुणात्मकता, व्यवसायात्मकता, वैज्ञानिक दृष्टिकोण और समाज की महती आवश्यकताओं का भी पूरा ध्यान रखा गया था।

बहरहाल प्राचीन भारत के इस सामाजिक नियोजन के चार स्तम्भ थे। ब्राह्मण, क्षत्रिय, वैश्य एवं शूद्र वे चार महत्वपूर्ण स्तम्भ थे जिन पर प्राचीन भारतीय समाज का भव्य भवन खड़ा किया गया था। सभी स्तम्भो पर सामाजिक व्यवस्था को सुचारू रूप से चलाने, उसे स्वस्थ्य रखने एवं वर्षो-वर्ष तक उसे यथावत् रखने का महती उत्तरदायित्व था।

यही कारण था, कि प्राचीन भारतीय समाज में इन चारों ही वर्णों का एक समान महत्व था। सभी वर्णों को समाज की महती आवश्यकता के अनुरूप विभिन्न दायित्व सौंप दिए गए थे। इसका आधार इन वर्णों की उत्पत्ति ही था। चारों वर्णों ब्राह्मण, क्षत्रिय, वैश्य एवं शूद्र की उत्पत्ति विराट पुरुष के जिन अंगो से मानी गई उसी के अनुसार उनका कार्य-विभाजन कर दिया गया।

चूँकि ब्राह्मण की उत्पत्ति विराट पुरुष के मुख से मानी गई फलतः मुख का जो कार्य होता है वही ब्राह्मण को सौंप दिया गया। अध्ययन-अध्यापन, यजन-याजन का कार्य ब्राह्मणों को सौंप दिया गया। बाहु से क्षत्रिय की उत्पत्ति स्वीकार की गई तो जैसे शरीर की रक्षा का कार्य बाहु का होता है वैसे ही समाज की रक्षा का दायित्व क्षत्रियों को सौंप दिया गया। उदर का कार्य शरीर के लिए ऊर्जा संचय आदि होता है इसिलिए उदर से उत्पन्न वैश्यों का कार्य धन संचय, व्यापार, वाणिज्य निश्चित कर दिया गया। पैरों से उत्पन्न शूद्र को पैरों की ही भाँति सम्पूर्ण समाज-शरीर की सेवा का महती उत्तरदायित्व सौंप दिया गया।

स्पष्ट है, कि जिस प्रकार शरीर के सभी अंग महत्वपूर्ण होते है एवं उनके द्वारा सम्पादित किए जाने वाले कार्य भी महत्वपूर्ण होते हैं ठीक उसी प्रकार समाज के ये चारों अंग ब्राह्मण, क्षत्रिय, वैश्य एवं शूद्र तथा योग्यतानुसार इनके द्वारा सम्पादित किए जाने वाले कार्य भी समान रूप से आवश्यक एवं महत्वपूर्ण थे। सभी वर्णों की समाज में समान आवश्यकता थी।

किन्तु इस सब के बावजूद भी अपनी उत्पत्ति के आधार पर वर्णों के महत्व एवं सामाजिक स्थिति में कुछ भेद भी अवश्य बताया गया है। शरीर के समस्त अंग भले

ही अपने-अपने कार्य में महत्वपूर्ण हों, किन्तु सभी अंगों का संचालन जिस एक अंग से होता है वह है- मस्तिष्क। मस्तिष्क चूँकि सभी शारीरिक अंगो का संचालक है तथा मुख पर स्थित है इसलिए स्वाभाविक रूप से शरीर के सभी अंगों में मुख को ही सर्वश्रेष्ठ स्वीकार किया जाता है।

ठीक इसी प्रकार समाज में समाज-शरीर के मुख अर्थात् ब्राह्मण को सर्वश्रेष्ठ स्वीकार किया गया है। वर्ण-व्यवस्था में सर्वोच्च स्थान ब्राह्मणों को दिया गया। प्राचीन भारत के सभी कालखण्डो में ब्राह्मणों की स्थिति श्रेष्ठ बनी रही। वैदिक कालीन वर्ण व्यवस्था ही चूँकि थोड़े-बहुत अन्तरों के साथ निरन्तर गतिमान रही। फलतः उसी के अनुरूप ब्राह्मण ही समाज में सर्वोच्च प्रतिष्ठित रहे।

प्राचीन भारतीय समाज में ब्राह्मण की यह मुख्यता एवं महत्ता ना तो अप्रासंगिक थी और ना ही औपचारिक। इसके प्रत्युत्तर यदि सभी कालखण्डों में ब्राह्मणों की गतिविधियों का विश्लेषण करें तो यह वास्तविक एवं प्रासंगिक जान पड़ती है। "ब्राह्मणोऽस्य मुखमासीद्..................." वाक्य के अनुशीलन से स्वतः ही ब्राह्मण के स्वरूप, शक्ति, श्रेष्ठता का भान सहज ही हो जाता है।

शरीर के मुख की महत्ता निःसन्देह सिद्ध है। ठीक इसी प्रकार समाज में ब्राह्मण की महत्ता सर्वातिशायिनी है। मुख से उत्पन्न होने अथवा मुख रूप होने के हेतू ब्राह्मण की मुख्यता वास्तविक है। वही इस समाज का मस्तिष्क माना गया। यही कारण है कि समाज में चिन्तन का, विचार का, विषम स्थिति सुलझाने का तथा प्रगति के लिए अग्रसर होने के निमित्त उपदेशक का कार्य एवं दायित्व इन्हीं ब्राह्मणो को सौंपा गया।

समाज के नेतृत्व का भार ब्राह्मणों पर जन्मगत ही स्वीकार किया गया है। ऐसा स्वाभाविक भी है, क्योंकि शिक्षित व्यक्ति ही समाज को सही दिशा और दशा दे सकता है। यही कारण है, कि प्राचीन भारत के सभी कालखण्डों में स्वयं वेदशास्त्रों का अध्ययन कर जनता में उनके सिद्धान्तों का अध्यापन तथा प्रचारण करना ही ब्राह्मण का मुख्य कार्य माना गया।

अध्ययन तथा अध्यापन के मध्य की दो आवश्यक श्रेणियां होती हैं। प्रथम श्रेणी बोध तथा द्वितीय आचरण। अध्ययन करने के अनन्तर उसके सिद्धान्तों का बोध अथवा ज्ञानार्जन नितान्त आवश्यक है। तदनन्तर उस बोध का आचरण अपने जीवन में करना पड़ता है। अर्थात् जिन सिद्धान्तों का अध्ययन के द्वारा सामान्य ज्ञान प्राप्त

होता है तथा मनन के द्वारा जिनका बोध अथवा विशिष्ट ज्ञान उपलब्ध होता है, उन सिद्धान्तों को अपने जीवन में उतारने की भी बड़ी आवश्यकता होती है और तभी उनका प्रचारण भी भली-भाँति उचित रीति से किया जा सकता है। यही कारण है, कि प्राचीन भारतीय युगों में अधीति (अध्ययन), बोध, आचरण तथा प्रचारण इन चारों वस्तुओं की आवश्यकता होती थी तथा प्रत्येक विद्या को इन चारों प्रकारों के द्वारा अभ्यास करने के बाद ही कोई ब्राह्मण वास्तविक ब्राह्मण कहलाया जाता था।

ब्राह्मण अपने ब्रह्मकोष की रक्षा के निमित्त सदैव जागरूक रहा। वह हर किसी को अपनी विद्या देने अथवा अध्यापन करने से सदा परांगमुख था। अधिकारी को ही विद्या का दान देना ब्राह्मण ने व्रत बना लिया था। उसने अपनी विद्या को अपनी बहुमूल्य धरोहर समझा तथा इसलिए उसकी पवित्रता एवं अक्षुण्णता बनाए रखने के लिए सदा कटिबद्ध रहा। इसी कारण कुछ विद्वानों ने उसे विद्यादान के सन्दर्भ में कृपण भी कहा परन्तु वास्तुस्थिति इसके विपरीत थी। वास्तव में ब्राह्मण अपनी धरोहर को लेकर इतना चिन्तित रहता था कि उसने सदैव इस बात का ध्यान रखा कि उसकी विद्या किसी कुपात्र के पास ना चली जाए। यही कारण है कि ब्राह्मणो ने पात्रापात्र पर विशेष ध्यान दिया। जब शिष्य की पात्रता, ब्राह्मण सुनिश्चित कर लेता था तभी उसका गुरु होना स्वीकारता था।

वास्तव में अध्यापन तथा प्रचारण के लिए त्याग तथा तपस्या की विशेष आवश्यकता होती थी और यही कारण था, कि ब्राह्मण त्याग एवं तपस्या का प्रतीक बन गया। शरीर के क्लेशों पर तनिक भी ध्यान ना देकर घनघोर उग्र तपस्या का आदर्श ब्राह्मण के लिए सदैव जागरूक था। प्राचीन भारतीय ब्राह्मणो ने भोग-विलास जैसे क्षूद्र कार्यों के लिए स्वयं को नहीं छोड़ा अपितु अपने जीवन के दो ही आदर्श उसने रखे, कठिन व्रतों एवं तपस्याओं का आचरण तथा मृत्यु के उपरान्त सुख-मोक्ष की प्राप्ति।

प्राचीन भारत में ऐसे अनेकानेक दृष्टान्त देखे जा सकते हैं। प्राचीन भारतीय साहित्येतिहास के पृष्ठ त्याग एवं तपस्या की ऐसी अद्‌भुत कहानियों से भरे पड़े हैं। एक ऐसा ही दृष्टान्त गुप्त युग में भी दिखाई पड़ता है जहां वरतन्तु के शिष्य कौत्स ने अभूतपूर्व त्याग का परिचय दिया एवं महाकवि कालीदास ने रघुवंश के पञ्चम सर्ग में उसे उज्जवल किया। इसी त्याग-तपस्या की उपासना से उस ब्राह्मण ने जगत के वैषायिक सुखों पर लात मारकर स्वयं भिक्षुक बनकर जीवन यापन करना उचित

समझा। इसीलिए ब्राह्मण ने राजन्यो को सिंहासन पर बिठाकर स्वयं उनका मन्त्री बनना ही राष्ट्रहित के लिए श्रेयस्कर समझा।

वास्तव में जैसा वर्तमान में माना जाता है, कि ब्राह्मण मात्र राष्ट्र का आध्यात्मोपदेशक ही होता था एवं ब्राह्मण का जीवन आध्यात्म के तथा इहलोक की अपेक्षा परलोक के चिन्तन में ही लगा रहता था, पूरी तरह सत्य नहीं है। इसके विपरीत प्राचीन भारतीय ब्राह्मण वास्तव में राष्ट्र का उन्नायक एवं नेता होता था तथा आध्यात्मिक एवं धार्मिक नेता होने के साथ ही साथ व्यावहारिक विषयों का भी उपदेष्टा होता था। ब्राह्मण ही राजा का पुरोहित होता था तथा यह पद उसके आध्यात्मिक चिन्तन मात्र का परिणाम ना होकर उसके व्यवहार कौशल का भी प्रतीक होता था। मनु भी कहते है, कि क्षात्र-तेज से संबलित ब्रह्म-तेज का संयोग पवन तथा अग्नि के समागम के समान ही लाभकारी तथा राष्ट्र मंगल का साधन होता है। **"पवनाग्निसमागमो ह्ययं ज्वलितं ब्रह्म यदस्त्रतेजसा"** जैसी कालिदास की उक्ति भी यही सिद्ध करती है।

देश पर जब भी कोई विपत्ति आई तो ब्राह्मण अपनी व्यवहारकुशलता तथा राजनीतिक पटुता से महनीय राजन्यविभूति के उद्‌गम में भी सहायक हुआ। मौर्य काल में यूनानी अधिसत्ता एवं राष्ट्र हित के विरोधी नन्दो की सत्ता को उखाड़ फेंकनें एवं राष्ट्र हित के लिए सत्ता निमार्ण करने हेतू ब्राह्मण आचार्य विष्णुगुप्त चाणक्य ने चन्द्रगुप्त जैसे सामान्य बालक को चन्द्रगुप्त मौर्य जैसा पराक्रमी बना दिया जिसने पहली बार भारत को एक सूत्र में पिरोकर राजनीतिक केन्द्रीकरण किया एवं एक महत्वपूर्ण जन कल्याणकारी व्यवस्था लागू की।

गुप्त काल में भी ब्राह्मणों ने अपनी इस महत्वपूर्ण भूमिका का पूरी निष्ठा के साथ निर्वहन किया। इस समय जब भारतीय संस्कृति पर बहुत भयंकर आघात शकों के रूप में हुआ तब एक ब्राह्मण ने ही संरक्षणकर्त्ता की भूमिका का निर्वहन किया। महाराजा विक्रमादित्य को उसी ब्राह्मण की वाणी ने भारतीय संस्कृति, गो-ब्राह्मण का रक्षक बना कर खड़ा कर दिया। ये ब्राह्मण थे महाकवि कालीदास। इस ब्राह्मण ने अपनी दिव्य लेखनी के बल पर ऐसे आदर्श का चित्रण किया, विक्रम में ऐसा उत्साह फूँका कि शको की एक ना चली। शक अपने स्वप्न राज से सदा के लिए बहिष्कृत कर दिए गए। वास्तव में ब्राह्मणो ने प्राचीन भारतीय इतिहास के सभी काल खण्डों में राष्ट्र नेता की अपनी महती भूमिका का पूर्णमनोयोग से निर्वहन किया।

इससे भी महत्वपूर्ण बात यह थी कि प्राचीन भारतीय ब्राह्मणों में इतने अहम रूप से राज्य संचालक होने के बावजूद भी ना तो गर्व का लेश मात्र ही था और ना ही ऐश्वर्य से प्रेम। ब्राह्मणो का जीवन त्याग, तपस्या से पूर्ण एवं बहुत सादा होता था। प्रायः वे भोग विलास से विलग रहते थे तथा पर्णकुटियों में निवास करते थे।

यही समस्त कारण थे कि प्राचीन भारत के सभी युगों में ब्राह्मणों की श्रेष्ठता, सर्वोच्चता, प्रधानता एवं उनके विशेषाधिकार अनवरत रूप से बने रहे। चूँकि प्राचीन भारत में ब्राह्मणों को ही अध्यापन जैसा अधिकार प्राप्त था एवं वे ही त्याग, तपस्या, सादा जीवन जैसे कर्तव्यों का निर्वहन करते थे फलतः उन्हें सर्वश्रेष्ठ सामाजिक स्थिति एवं विशेषाधिकार मिलना स्वाभाविक ही था।

हालांकि यह भी सत्य है कि राजनीतिक सत्ता में जैसे-जैसे परिवर्तन आते रहे वैसे-वैसे ब्राह्मणो की स्थिति में भी परिवर्तन दृष्गोचर हुए। उदाहरणार्थ ऐसे राजवंश जो ब्राह्मण धर्मावलम्बी थे, उनके समय में ब्राह्मणो की प्रतिष्ठा चरम पर रही। शुंग वंश, गुप्त वंश में ऐसा ही देखने को मिलता है। किन्तु जब-जब अब्राह्मण धर्मी वंश सत्ता में आए अथवा अब्राह्मण धर्मों का प्रभाव बढ़ा ब्राह्मणों की श्रेष्ठता एवं सर्वोच्च सामाजिक स्थिति को आघात झेलना पड़ा।

बहरहाल जो भी हो इस सब के बावजूद भी ब्राह्मणों की महत्ता, उनके त्याग, तपस्या एवं राष्ट्रहित के निमित्त उनके कर्तव्यों एवं इनके प्रत्युत्त उनको मिली सामाजिक सर्वोच्चता से पराग्मुख नहीं हुआ जा सकता। यह सत्य है, कि अन्य वर्णों की अपेक्षा जीवन के प्रत्येक क्षेत्र में उन्हें अति विशेष अधिकार दिए गए थे किन्तु इस तथ्य को भी विस्मृत नहीं किया जा सकता कि ये समस्त लाभ ब्राह्मणों को कृपा स्वरूप नहीं मिले थे अपितु अपनी योग्यता, ज्ञान, कौशल एवं जनाहितार्थ अपनी सेवाओं के प्रत्युत्तर ब्राह्मणों ने इन्हें प्राप्त किया।

❖ ❖ ❖

द्वितीय अध्याय

वर्ण का अर्थ एवं स्वरूप

वर्ण–व्यवस्था प्राचीन भारतीय संस्कृति एवं प्राण के रूप में हमारे सामने आती है। यही वो दृढ़ आधार स्तम्भ था जिस पर तात्कालिक भारतीय संस्कृति तथा सामाजिक संगठन का विशाल भवन खड़ा किया गया था। यह अलग बात है कि, जिस स्थिति में आज यह हमारे सामने आती है, उस समय इसका ऐसा रूप कतई नहीं था। हालांकि यह सही है कि उस समय भी समाज ब्राह्मण, क्षत्रिय, वैश्य एवं शूद्र इन चार वर्णों में विभाजित किया गया था किन्तु इसे शुद्ध रूप में विभाजन कहना उस समय की पुनीत भावना के प्रति अन्याय से अधिक कुछ ना होगा। क्योंकि जिस रूप में और जिस भावना से प्राचीन काल में इसकी उत्पत्ति हुई, इसे विभाजन नहीं अपितु व्यवस्था कहना अधिक श्रेयस्कर होगा।

भारतीय संस्कृति को छोड़कर विश्व की अन्य अनेक संस्कृतियों में भौतिकवाद पर अत्यधिक बल देकर जीवन के आध्यात्मिक पक्ष की पूर्णरूपेण उपेक्षा कर दी गई है। किन्तु एकमात्र भारतीय संस्कृति में भौतिकवाद एवं आध्यात्मवाद में एक अपूर्व समन्वय स्थापित किया गया है। भारतीयों ने सदैव ही परमार्थिक सुख को सर्वोच्च सुख माना और साथ ही यह भी स्वीकार किया कि इहलोक के सुखों और कल्याण की भी उपेक्षा नहीं करनी चाहिए। हिन्दू जीवन दर्शन में सांसारिक अभ्युदय की समृद्धि और आध्यात्म भावना के इस समन्वय का परिणाम ही उस सामाजिक व्यवस्था का विकास था, जिसे वर्ण–व्यवस्था कहते हैं। भारतीय आदर्श के अनुसार व्यक्ति तथा समाज के सर्वांगीण विकास के लिए वर्ण–व्यवस्था का पालन करना अत्यावश्यक था। ताकि प्रत्येक वर्ण, प्रतिस्पर्धा रहित वातावरण में सामूहिक एवं सामाजिक अभिवृद्धि के लिए प्रयासरत रहे।

चूँकि यह व्यवस्था निश्चित कर्मों के साथ पूर्णरूपेण एक वैज्ञानिक आधार पर की गई है तो यह बात और अधिक दृढ़ता से पुष्ट हो जाती है। अत: विभाजन जैसे नकारात्मक शब्द के स्थान पर यह कहना हितकर रहेगा कि इसी व्यवस्था के द्वारा उस समय के भारतीय समाज को एक सूत्र में पिरोकर संगठित किया गया था।

वर्ण शब्द की व्युत्पत्ति "वृञ वरणे" अथवा 'वरि' धातु से हुई है, जिसका अर्थ है चुनना या वरण करना।[1] दूसरी ओर पाणिनी ने वर्ण का प्रयोग ब्राह्मणादि वर्ण, लिंग या चिन्ह तथा रंग तीन अर्थों में किया है।[2] कदाचित् वर्ण का तात्पर्य 'वृत्ति' से है अर्थात् किसी विशेष व्यवसाय को चुनने से। दूसरे शब्दों में कहें तो इसका सीधा अर्थ यह है कि एक वर्ण उस सामाजिक वर्ग का द्योतक है, जिसका अपने समाज में एक विशिष्ट स्थान, कार्य, एवं महत्व है और इसी कारण अपनी इन विशेषताओं के दृष्टिगत समाज के अन्य वर्णों से वो वर्ण सर्वथा भिन्न है।

वर्ण शब्द का प्राचीनतम उल्लेख ऋग्वेद में 'रंग' अथवा 'आलोक' के रूप में होता है।[3] यह रंग त्वचा के श्वेत एवं श्याम रंग का द्योतक था। क्योंकि तत्कालीन समाज में दो ही वर्ण थे- आर्य एवं अनार्य।[4] ऋग्वेद में कई स्थलों पर इनमें वर्णाधारित भिन्नता भी स्पष्ट दृष्टिगत होती है।[5] ऋग्वेद में इस भिन्नता को अव्रत, अकृतु, मृध्रवाक् एवं अनासा जैसे शब्दों से व्यक्त किया गया है जिनका अर्थ क्रमश: देवत्व को न मानने वाले, यज्ञ न करने वाले, मीठी भाषा न बोलने वाले तथा चपटी नाक वाले होता है। ये शब्द अनार्यों तथा दासों के लिए प्रयुक्त होते थे जो आर्यों का विरोधी दल था। तैत्तिरीय ब्राह्मण में भी ब्राह्मण को गौर वर्णी एवं आसुरी अर्थात् शूद्र के श्याम वर्णी होने की व्यवस्था मिलती है।[6] स्पष्ट है कि वर्ण का प्रारम्भिक स्वरूप आर्य-अनार्य तक ही सीमित रहा, जो शनै:शनै: ब्राह्मण, क्षत्रिय, वैश्य एवं शूद्र इन चार वर्णों के रूप में विकसित हुआ। सांख्य दर्शन आदि में भी वर्ण शब्द को एक विशेष प्रकार के रंग से सम्बन्धित कर दिया गया और प्रत्येक वर्ण को एक विशेष प्रकार का रंग माना गया।

प्रो. वामन काणे के अनुसार भी वर्ण शब्द का प्रयोग और गौर वर्ण आर्य एवं कृष्ण वर्ण अनार्य (दास) के लिए होता है। कालान्तर में जिसका प्रयोग ब्राह्मणादि चतुर्वर्ण के लिए किया जाने लगा। प्रो. रेप्सन भी कुछ इसी प्रकार का मत प्रकट करते हैं। वे कहते हैं कि वर्ण-व्यवस्था का प्रारम्भ रंग भेद के कारण हुआ। आर्य लोग गौर

वर्णी थे जबकि अनार्य कृष्ण वर्णी। अतएव मानव समाज में दो वर्णों का निर्माण हुआ- आर्य एवं दस्यु। कालान्तर में गौर वर्णी द्विज कहलाए एवं कृष्ण वर्णी शूद्र। किन्तु सामाजिक दृष्टिकोण में यह रंग एक सामाजिक वर्ग का द्योतक था जिसका आधार गुण एवं कर्म था। किन्तु यह विभाजन पूर्णरूपेण वर्गीय एवं सांस्कृतिक था।

वस्तुतः विभाजन का आधार चाहे जो भी हो उसका उद्देश्य तात्कालिक जीवन की महती आवश्यकता को पुष्ट करना था। प्रत्येक व्यक्ति को किसी वर्ण विशेष में रखकर उसके कर्तव्य निर्धारित किये गये थे। इससे सभी व्यक्ति वंशगत पैतृक व्यवसाय को अपनाने लगे जिसका उद्देश्य व्यक्ति एवं परिवार तथा समाज की लौकिक एवं पारलौकिक उन्नति करना था।

मानव समाज की चार मुख्य आवश्यकताओं ज्ञान, रक्षा, जीविका एवं सेवा के आधार पर ही चारों वर्णों का प्रादुर्भाव हुआ। ब्राह्मण को ज्ञान अर्थात् अध्ययन-अध्यापन, यजन-याजन, क्षत्रिय को रक्षा, वैश्य को जीविका अर्थात् व्यवसाय, व्यापार-वाणिज्य तथा शूद्र को सेवा का कार्यभार वर्ण-व्यवस्था के अन्तर्गत सौंपा गया था। इसमें महत्वपूर्ण तथ्य यह है कि इस रूप में वर्ण-व्यवस्था का आधार जन्म न होकर गुण-कर्म दिखाई देता है। सीधे-सीधे यह भी कहा जा सकता है कि मनुष्य की चार मूलभूत आवश्यकताओं को वैज्ञानिक आधार पर समाज में उत्तरदायित्वों की भाँति बांट दिया गया था। गीता में श्रीकृष्ण की यह उक्ति इसे और अधिक पुष्टि करती है-

"चातुर्वर्ण मया सृष्टं गुण कर्म विभागशः" श्रीमद्‌भगवद्‌गीता 4/13

अर्थात् मैंने चारों वर्णों की उत्पत्ति सृष्टि, गुण एवं कर्म के आधार पर की है।

यहाँ यह उल्लेख करना भी बड़ा अवश्यम्भावी हो जाता है कि या तो भूलवश अथवा भारतीय संस्कृति के सारतत्व को समझने की अयोग्यता के कारण कुछ लोगों ने वर्ण को "वर्ग या जाति" मान लिया। अधिक गहराई में जाने की बजाय मात्र यह कह देना ही उपयुक्त होगा कि वर्ण तथा जाति नितान्त पृथक्-पृथक् अवधारणाएँ हैं। वर्ण व्यापक कोटियां हैं जो अपने अन्दर बड़ी संख्या में जातियों को कुछ शिथिल ढंग से समेटे हुए है। वर्ण एक धार्मिक संकल्पना है, जिसकी तुलना यदि मध्यकालीन यूरोपीय चिन्तन के "विभाग या स्टेट" से की जाय तो अधिक श्रेयस्कर होगा। डॉ. स्मिथ भी कहते हैं कि वर्ण का जाति नहीं वरन् वर्ण से एक वर्ग-व्यवस्था कोटि को

बोध होता है। वर्ण का मतलब व्यवसाय के अनुसार चार वर्ण से है अर्थात् ब्राह्मण जो विद्याध्ययन तथा पूजा-पाठ का काम करते थे, क्षत्रिय जो युद्ध तथा शासन का कार्य करते थे, वैश्य जो व्यवसाय अथवा कृषि का कार्य करते थे तथा शूद्र जिनका कार्य सेवा-सुश्रुषा था। वैसे भी वर्ग की अवधारणा तो इतनी वस्तुपरक एवं आधुनिक है, कि वह वर्ण को पर्याप्त रूप से प्रतिबिम्बत ही नहीं कर सकती। वस्तुत: वर्ण तो दैवी सृष्टि एवं अपरिवर्तनीय अवधारणा है, इसलिए इसे समाज को स्वस्थ एवं सुचारू रूप से चलाने वाली धार्मिक व्यवस्था कहना अधिक श्रेयस्कर होगा।

कौटिल्य ने अर्थशास्त्र में वर्ण का प्रयोग ब्राह्मणादि चारों वर्णों के सन्दर्भ में ही किया है। वे कहते हैं, कि चारों वर्णों के कार्य निशचित थे। ब्राह्मण का कार्य अध्ययन-अध्यापन, यजन-याजन, क्षत्रिय का कार्य शस्त्रबल से जीविकोपार्जन तथा रक्षा आदि, वैश्य का कार्य कृषि, पशुपालन, व्यापार-वाणिज्य तथा शूद्र का कार्य सेवा-सुश्रुषा एवं शिल्प, चारण-भाट आदि का कार्य निश्चित किया गया था।[7]

महाभारत में भी एक श्लोक आता है, जिसमें राजा जनक एवं पाराशर का संवाद है। जनक के प्रश्न कि जब सम्पूर्ण मानव जाति का विकास ब्रह्मा से हुआ है तब यह भेद कैसा? इस प्रश्न के उत्तर में पाराशर कहते हैं, कि जब ब्रह्मा ने सबको उत्पन्न किया तब सब एक ही वर्ण के थे, किन्तु जिस प्रकार एक समान बीज खेत में डाले जाने के बाद भी कुछ बीज निशक्त पड़ जाते हैं, उसी प्रकार वर्ण भी है। पहले एक वर्ण था पर धीरे-धीरे उसकी शक्तियों में कमी आती गई और चार वर्ण बन गए। जिनके कारण उनके गुण-कर्म के आधार पर अन्तर आ गया।

डॉ. सुशील पाठक भी लिखते हैं, कि "भारत में आर्यों का प्रसार एक भयानक संघर्ष का इतिहास है। यह संघर्ष केवल दो जातियों के बीच नहीं, वरन् दो सभ्यताओं एवं दो जीवन पद्धतियों के बीच था। पराजित अनार्यों को उन्होंने दास वर्ण के रूप में अपनी सामाजिक व्यवस्था में सम्मिलित कर लिया। इन्हीं दासों की सन्तान को वर्ण-व्यवस्था के अन्तर्गत शूद्र की संज्ञा प्राप्त हुई। सामूहिक रूप से अनार्यों को "दस्यु या दास" नाम से पुकार गया।[8] प्रो. वामन काणे ने भी रंग विभेद को ही वर्ण विभेद का कारण माना है।[9] डॉ. विन्सेन्ट स्मिथ ने वर्ण की उत्पत्ति "वृ" धातु से मानी है, जिसका अर्थ है वरण करना।[10] पुष्टाम्बेडकर महोदय ने भी कर्म को वर्ण की उत्पत्ति का आधार माना। डॉ. इ.जे.रेप्सन ने वर्ण का अर्थ रंग स्वीकार किया।[11] हट्टन

के अनुसार चार वर्णों से चार रंग सम्बन्धित हैं- ब्राह्मण-श्वेत, क्षत्रिय-रक्त, वैश्य-पीत एवं शूद्र-कृष्ण।"[12]

वर्ण-व्यवस्था की उत्पत्ति के सिद्धान्त

इस सब के मध्य प्रश्न यह उठता है, कि अन्ततः वर्ण शब्द एवं इसमें निहित दर्शन की उत्पत्ति कहाँ से हुई? कैसे और किस कारण या कारणों के चलते वर्ण-व्यवस्था समाज में लागू हुई तथा वास्तव में इसका समाज में स्वरूप क्या था?

सच तो यह है, कि वर्णोत्पत्ति का यह यक्ष-प्रश्न अपनी जटिलता के साथ आज भी ज्यों का त्यों खड़ा है। वर्ण की उत्पत्ति को लेकर विभिन्न साक्ष्य हमें प्राचीन ग्रन्थों उदाहरणार्थ वेद, पुराण, स्तुतियों आदि में मिलते हैं, लेकिन फिर भी एक निश्चित परिणाम पर पहुँचा नहीं जा सका है। इसका कारण विभिन्न ग्रन्थों में मिलने वाले साक्ष्यों में भिन्नता है। कहीं पर वर्ण रंग के सन्दर्भ प्रयुक्त मिलता है, तो कहीं इसका प्रयोग गुण के रूप में किया गया है। कहीं जन्म को वर्ण का आधार बताया गया है, तो कहीं वर्ण-व्यवस्था कर्माधारित कही गयी है।

किन्तु फिर भी इतना तो निश्चित है, कि वर्ण-व्यवस्था यकायक प्रस्फुटित घटना नहीं थी, अपितु इसका सोपानगत विकास हुआ जिसमें सहस्त्रों वर्ष एवं अपार बुद्धि-विवेक ने काम किया। वर्णों के कर्त्तव्य निर्धारण में गुणात्मकता, व्यवसायात्मकता, वैज्ञानिक दृष्टिकोण एवं समाज की आवश्यकता आदि तथ्यों का विशेष ध्यान रखा गया था।

गुण-कर्म एवं सामाजिक आवश्यकता का सिद्धान्त

यदि वेदों की बात करें तो ऋग्वेद के पुरुष सूक्त के दसवें मण्डल में स्पष्ट कहा गया है, कि- विराट पुरुष के मुख से ब्राह्मण, बाहु से क्षत्रिय, जंघा से वैश्य एवं पैरों से शूद्रों की उत्पत्ति हुई।[13] विभाजन की यह व्यवस्था पूर्णरूपेण ईश्वरकृत थी। ये विराट पुरुष, सहस्त्र शीश, आँखें एवं पैरों वाले थे जो भूत एवं भविष्य दोनों थे एवं सृष्टि को उत्पन्न करने वाले थे।[14]

हालांकि इस ऋचा को देखकर प्रथम दृष्ट्या यह प्रतीत होता है, कि यह वर्ण-व्यवस्था प्रारम्भ से ही विद्यमान है। किन्तु इस सब के बीच एक चौंकाने वाला

तथ्य यह है, कि इस सूक्त में उत्पत्ति के इस सिद्धान्त के बावजूद भी वर्ण शब्द का प्रयोग कहीं नहीं किया गया। इसी सन्दर्भ में यह भी कहा जाता है, कि यह ऋचा क्षेपक के रूप में बाद में जोड़ी गई है[15] किन्तु फिर भी चाहे यह ऋचा क्षेपक के रूप में बाद में जोड़ी गई हो अथवा मूल पाठ में हो यह तो निश्चित है, कि इस प्रकार के विभाजन अथवा व्यवस्था की कल्पना तो समाज में बन ही चुकि थी।

यदि विश्लेषणात्मक दृष्टि से देखें तो उत्पत्ति का यह सिद्धान्त प्रतीकात्मक जान पड़ता है। जिस प्रकार शरीर में मुख, बाहु, जंघा एवं पैर अति महत्वपूर्ण अंग हैं, उसी प्रकार समाज शरीर के अति महत्वपूर्ण अंग ब्राह्मण, क्षत्रिय, वैश्य एवं शूद्र है। जिस प्रकार किसी एक अंग के बिना शरीर अपनी सम्पूर्णता में गति नहीं कर सकता ठीक उसी प्रकार किसी एक वर्ण की अनुपस्थिति में समाज शरीर भी अपूर्ण रह जाता है।

यदि प्रतीकों को देखें तो जिस प्रकार शरीर में मुख का कार्य ज्ञान-विज्ञान को प्रचारित करना होता है, ठीक उसी प्रकार समाज रूपी शरीर के मुख रूपी ब्राह्मण का कार्य भी शिक्षा-दीक्षा से ही सम्बन्धित था अर्थात् अध्ययन-अध्यापन। मनु के अनुसार भी अध्ययन-अध्यापन, यजन-याजन, दान लेना आदि ब्राह्मण के कार्य थे।[16] शरीर में बाहू का कार्य रक्षा आदि का कार्य होता है, ठीक उसी प्रकार समाज शरीर के बाहू क्षत्रिय का कार्य भी शौर्य-रक्षा से सम्बन्धित था। गीता में श्रीकृष्ण भी कहते हैं, कि शौर्य, तेज, धैर्य, चातुर्य, दान देना आदि क्षत्रियों के मुख्य कार्य है।[17] वैश्यों का उद्भव जंघा से इसलिए कहा गया कि जिस प्रकार जंघा समस्त शरीर का भार उठाती है, उसी प्रकार वैश्य भी व्यापार-वाणिज्य आदि से समाज-शरीर को सुदृढ़ता देते हैं।[18] मनु भी कहते हैं कि पशुपालन, व्यापार, महाजनी, कृषि, दान देना इत्यादि वैश्यों के प्रमुख कर्त्तव्य हैं। शूद्रों की उत्पत्ति, पैरों से इसलिए कही गयी कि उनके द्वारा तीनों वर्णों की की जाने वाली सेवा द्वारा ही समस्त शरीर स्वस्थ रहेगा। मनु भी शूद्रों का कार्य तीनों वर्णों की सेवा को ही बताते हैं।[19]

दूसरी ओर उपनिषदों में वर्ण की उत्पत्ति विषयक कुछ दूसरा ही साक्ष्य मिलता है। वृहदारण्यक उपनिषद की माने तो पता चलता है, कि सर्वप्रथम ब्रह्मा ने केवल ब्राह्मण को उत्पन्न किया था। किन्तु जब सामाजिक व्यवस्था सुचारू रूप से न चल पाई तो उन्होंने रूद्र, इन्द्र, वरुण एवं यम के सहयोग से क्षत्रियों की उत्पत्ति की।[20] इसके उपरान्त भी जब विकास एवं कल्याण अधूरे रहे तब वसु, मरुत, रूद्र एवं

अदिति के सहयोग से उन्होंने वैश्यों की उत्पत्ति की। इस क्रम को पूर्ण करने एवं सामाजिक संरचना के हितार्थ ब्रह्मा ने पूषण के सहयोग से शूद्रों को उत्पन्न किया। स्पष्ट है, कि सभी वर्ण देव-गुणों के आधार पर उद्भवित थे अर्थात् प्रत्येक वर्ण की विशेषता उसके प्रतिनिधित्व देवता के गुणों के आधार पर निश्चित की गई थी। इसी सन्दर्भ में प्रो. रानाडे की यह उक्ति गौर करने लायक है, कि "मानवीय जगत् का यह जाति विभाजन, दैवीय जगत् के ही आधार पर था।"[21]

यदि बात वैदिक वांग्मय की चल रही है, तो स्मृतियों को विस्मृत नहीं किया जा सकता। इनमें सबसे महत्वपूर्ण है- मनुस्मृति। वास्तव में मनु ने वैदिक सिद्धान्तों को ही विस्तृत एवं वैज्ञानिक आधार पर प्रतिपादित कर दिया है। वे कहते हैं, कि "परमात्मा ने समाज की शान्ति, समृद्धि एवं प्रगति के लिए मुख, बाहू, जंघा एवं पैर की तुलना के अनुसार ब्राह्मण, क्षत्रिय, वैश्य एवं शूद्र वर्ण को उत्पन्न किया।[22] पुराणों में भी वर्णों का उद्भव पूर्णरूपेण ईश्वरकृत ही माना गया है। विष्णु पुराण में चारों वर्णों को विष्णु के अंगों से उत्पन्न बताया गया है।[23] मत्स्य पुराण में भी कुछ इसी प्रकार का वर्णन आता है।[24] वायुपुराण में क्षत्रिय की उत्पत्ति ब्रह्मा की बाहु से नहीं अपितु वक्ष से बताई गई है।[25] साथ ही ब्रह्माण्ड एवं वायु पुराण में भी चातुर्वर्ण की उत्पत्ति ब्रह्मा से ही मानी गई है।[26]

किन्तु जब बात महाकाव्यों की आती है, तो महाभारत का सिद्धान्त विशेष उल्लेखनीय हो जाता है। महाभारत में महर्षि भृगु तथा उनके शिष्य का संवाद दर्शनीय है। भृगु कहते हैं, कि "सर्वप्रथम ब्रह्मा ने ब्राह्मण को जन्म दिया तत्पश्चात् क्षत्रिय, वैश्य एवं शूद्र की उत्पत्ति करके सृष्टि के विकास का कार्य पूर्ण किया।[27] अपने शिष्य भारद्वाज की शंका निवारण करते हुए भृगु कहते हैं, कि हालांकि ब्रह्मा ने सबको समान उत्पन्न किया था, किन्तु अपने कर्मों के कारण वे अलग-अलग वर्णों में बंट गए। जो अध्ययन-अध्यापन करने लगे वे ब्राह्मण, जो क्रोधी एवं अहंकारी हुए वे क्षत्रिय, जो कर्मों के प्रति उदासीन हुए वे वैश्य एवं जो अपने कर्त्तव्यों को भूल गए शूद्र कहलाने लगे।[28] स्पष्ट है कि यहाँ भी वर्णोत्पत्ति का आधार गुण-कर्म ही था। इसके अतिरिक्त गीता में श्रीकृष्ण की उक्ति स्वयं में ही एक प्रबल साक्ष्य है।[29] यहाँ श्रीकृष्ण रंगों का सिद्धान्त बतलाते हैं। वे कहते हैं, कि संसार में तीन रंग हैं- श्वेत, रक्त (लोहित) एवं श्याम। महाभारत के शान्तिपर्व खण्ड में भी स्पष्ट आया है, कि

ब्रह्मा ने विभिन्न रंगों वाले वर्णों की उत्पत्ति की है।[30] किन्तु उल्लेखनीय यह है, कि रंग का यह सिद्धान्त त्वचा के रंग को ही नहीं अपितु मनुष्य के गुण एवं कर्म को व्यंजित करता है। इनमें श्वेत रंग- सत्वगुण का, लोहित रंग- रजोगुण का, पीत रंग- रज एवं तम गुण का मिश्रित तथा श्याम रंग-तमोगुण का परिचायक है।[31] श्री कृष्ण के अनुसार भी श्वेत रंग सत्व गुण, शुचि, ज्ञान एवं आत्म संबुद्धता का प्रतीक है। लाल रंग-रजोगुण, काम, क्रोध, लोभ, मोह का जबकि श्याम रंग- तमोगुण, अज्ञानता, अन्धकार आदि का द्योतक है। गीता में कहा गया है, कि प्रकृति में तीन गुण हैं- सत्, रज् एवं तम्।[32] गुणों के इसी सिद्धान्त पर वर्णों की उत्पत्ति हुई है। उदाहरणार्थ स्वच्छ होने के कारण सत्वगुण वाले श्वेत वर्णी ब्राह्मण बने, क्रियामय रजो-गुण वाले रक्त वर्णी क्षत्रिए कहलाए, आवरणमयी तम गुण वाले श्याम वर्णी शूद्र कहे गए तथा इनके बीच रजो-गुण एवं तमो-गुण के मिश्रित पीत वर्णी समुदाय को वैश्य वर्णान्तर्गत रखा गया।

इनमें सत्व गुण सात्विकता एवं सुख का, रजस् गुण अनुरक्ति एवं कर्म का तथा तमस् गुण अज्ञान का प्रतीक माना गया है।[33] मनु भी इन्हीं सब गुणों की चर्चा स्पष्टतः करते हैं।[34] वे कहते हैं, कि सत्वगुण ज्ञान समन्वित, रजोगुण राग-द्वेष युक्त एवं तमोगुण प्रतिकूल ज्ञान से आवृत होता है।[35] प्रीति से संयुक्त क्लेश रहित और प्रकाश युक्त लक्षणों से युक्त आत्मा भी सत्वगुण सम्पन्न मानी गई है।[36] पृथ्वी पर ऐसा कोई प्राणी नहीं है, जो इन गुणों में से किसी एक से भी आवृत न हो।[37] स्पष्ट है, कि यहाँ भी वर्णों की उत्पत्ति का आधार गुण एवं कर्म ही था ना कि जन्म। इसी सन्दर्भ में महाभारत की उस कथा को दृष्टिगत किया जा सकता है, जिसमें यक्ष, युधिष्ठिर से प्रश्न करता है। यक्ष के प्रश्न "ब्राह्मण कौन है?" का उत्तर देते हुए युधिष्ठिर कहते हैं कि "जो सत्यवादी हैं, दानी, दयालु, क्षमाशील हैं, जो चरित्रवान हैं और सभी से सहानुभूति रखता है और जो तपस्वी है, वही स्मृतियों में ब्राह्मण कहा गया है।"[38] वे आगे कहते है, कि यदि ये समस्त गुण किसी शूद्र में पाए जाएँ तो वह शूद्र नहीं ब्राह्मण है, तथा यदि किसी ब्राह्मण में इन गुणों का आभाव हो तो वह ब्राह्मण नहीं अपितु शूद्र है।[39]

इस संवाद से स्पष्ट हो जाता है, कि तत्कालिक समाज में वर्णों का स्वरूप गुणों के आधार पर निर्धारित किया गया था न कि जन्म के आधार पर। शुक्रनीतिसार में भी लिखा है, कि वर्ण का निर्णय व्यक्तिगत गुणों के आधार पर होता है व्यक्ति के

जन्म पर नहीं।[40] जैसा कि स्मृतियों में भी कहा गया है, कि बालक जब जन्म लेता है, तो वह शूद्र होता है, तत्पश्चात् संस्कारों द्वारा शूद्र होकर ही ब्राह्मण बनता है। इन विभिन्न संस्कारों के द्वारा मनुष्य जीवन की विभिन्न अवस्थाओं में प्रवेश करता है। इन अवस्थाओं में विशेष कर्मों को करके विशिष्ट गुणों को प्राप्त करता है, और इसी से उसका वर्ण निर्धारित होता है।

इस लम्बी-चौड़ी चर्चा से ऐसा लगता है, कि तत्कालीन सामाजिक व्यवस्था को बनाए रखने एवं उसकी मूलभूत आवश्यकताओं की पूर्ती के लिए समाज के विभिन्न अंगों में कार्यों का उचित विभाजन एवं नियमावली अत्यावश्क थी और इसी के दृष्टिगत वैदिक युग में वर्णों का यह स्वरूप निर्धारित किया गया था। उस समय के समाज की चार आधारभूत आवश्यकताओं यथा अध्ययन-अध्यापन, यजन-याजन, राजनीतिक चेतना एवं नेतृत्व, प्रजा संरक्षण, आर्थिक गतिविधियाँ एवं सेवा आदि के निमित्त ही वर्णों की उत्पत्ति की गई थी। इसी आधार पर सामाजिक व्यवस्था को सुचारू रूप से चलाने के लिए एक ऐसी व्यवस्था निश्चित की गई, जिनमें मनुष्यों को उनके कर्म निर्धारित करके श्रेणियो में व्यवस्थित कर दिया गया। साथ ही प्रत्येक श्रेणी के लिए कुछ विशिष्ट कर्म निर्दिष्ट कर दिए गए थे।

वे लोग जो अध्ययन-अध्यापन, यजन-याजन, धार्मिकता, तप आदि में प्रवृत्त हो गए वे ब्राह्मण वर्णान्तर्गत गृहीत किए गए। शासन-संचालन, रक्षा, प्रशासन आदि करने वाला वर्ग क्षत्रिय वर्ण कहलाया। पशुपालन, कृषि, व्यापार-वाणिज्य जिसका प्रधान कर्म था वे वैश्य वर्ण में गिने गए तथा तीनों वर्णों की सेवा-सुश्रुषा, परिचारक वृत्ति करने वाला समुदाय शूद्र वर्ण के अन्तर्गत गृहीत किया गया था। महाभारत में भी आता है, कि प्रारम्भ में केवल ब्राह्मण वर्ण ही था, कालान्तर में अपने-अपने कर्मों की भिन्नता के चलते समाज में कई वर्ण हो गए।[41] सत्य, धर्म, नैतिकता, सदाचार जैसे कर्म करने वाले ब्राह्मण;[42] तीक्ष्ण, क्रोधी, स्वधर्मत्यागी, साहसिक, क्षत्रिय,[43] स्वधर्मच्युत, पशुपालन में लिप्त, पीत वर्णी वाले वैश्य;[44] एवं हिंसाप्रिय, अपवित्र, भ्रष्ट, कृष्ण वर्णी तथा येन-केन-प्रकारेण जीविकोपार्जन करने वाले शूद्र कहलाए।[45] यजुर्वेद में वर्णित चतुर्वर्ण स्पष्टतः कर्ममूलक व्यवस्था का प्रतिपादन करते हैं।[46]

कर्म की महत्ता भागवत पुराण की इस कथा से अधिक स्पष्ट होती है, कि क्षत्रिय राजपुरुष, नाभाग एवं पृषध अपने कर्मों के कारण ही वैश्य एवं शूद्र हो गए थे।[47] श्रेणी

और कर्म की इस व्यवस्था को और अधिक पुष्टतर करने के लिए पुनर्जन्म के सिद्धान्त को जन्म दिया गया। इसके अनुसार किसी भी व्यक्ति का वर्तमान जीवन उसके पूर्वजन्म का कर्मफल होता है तथा वर्तमान जीवन के कर्म भावी जीवन को निर्धारित करते हैं। अर्थात् मनुष्य वर्तमान में जिस भी वर्ण में है, वह उसके पूर्व-जन्म के जीवन में किए कर्म का परिणाम है, जो अपरिवर्तनीय है। अतः अच्छा कर्म करने वाले का जन्म मनुष्य योनी में ऊँचे वर्ण में जबकि बुरा कर्म करने वाला शूकर और चाण्डाल जैसी निम्न योनियों में जन्म लेता है।[48] पुराणों में भी आया है, कि पूर्वजन्मों के कर्मों के कारण ही वर्णों की उत्पत्ति हुई है।[49] अतः प्रत्येक व्यक्ति के लिए अपने वर्ण-धर्म का पालन करना नितान्त आवश्यक है, क्योंकि वर्ण-धर्म का पालन करके ही मोक्ष की प्राप्ति सम्भव है, जो कि जीवन का अन्तिम एवं महत्वपूर्ण लक्ष्य है।

इस सन्दर्भ में कौशिक मुनि और एक धार्मिक व्याघ के वार्तालाप को उदाहरण रूप में देखा जा सकता है। व्याघ के द्वारा मांस विक्रय किए जाने पर कौशिक मुनि कहते हैं कि इतने धार्मिक विद्वान होकर भी आप मांस क्यों बेच रहे हैं? तो व्याघ उत्तर में कहते हैं, कि वह तो मात्र अपने वर्ण-धर्म का पालन कर रहा है, जिसके लिए उसका जन्म हुआ है।[50] क्योंकि वर्ण-धर्म का निष्ठापूर्वक पालन ही मोक्ष का मार्ग है। कर्त्तव्यों के लिए कर्मों का सम्पादन अमृतत्व का साधन माना गया है।[51] ऐसा व्यक्ति ब्रह्मज्ञानियों में श्रेष्ठ होता है।[52] दूसरी ओर वर्ण-धर्म या वर्ण-कर्म का निष्ठापूर्वक पालन किए जाने से व्यष्टि एवं समष्टि दोनों के उत्कर्ष की धारणा भी प्रबल हुई, क्योंकि वर्ण के अन्तर्गत प्रत्येक व्यक्ति को अपने स्वाभाविक गुणों के अनुरूप स्थान मिलता है, अतः प्रत्येक व्यक्ति का समाज में स्थान, प्रभाव एवं महत्व वर्णाधारित एवं निश्चित होता है। स्पष्ट है, कि व्यक्ति विशेष को उसके वर्ण-धर्म के आधार पर कुछ निर्धारित कर्त्तव्य पालन करने होते थे। ऐसे में प्रत्येक व्यक्ति की वृत्तियों के अनुरूप आचार-सम्मत, गुणात्मक कर्म हैं जो धर्म सम्मत समाज की विधायक वृत्ति है। यही ज्ञानयुक्त कर्म अपूर्णता को दूर कर अमृत्व प्रदान करता है।[53] याज्ञवल्क्य भी जीवन की मीमांसा करते हुए कहते हैं, कि "पाप कर्म का फल पाप एवं पुण्य कर्म का फल पुण्य होता है।"[54]

चारों वर्णों के अपने-अपने कर्म वैज्ञानिक एवं सुविचारित आधार पर निर्धारित किए गए थे, ताकि समाज का विभाजन सुव्यवस्थित एवं स्वच्छ हो, क्योंकि मात्र इसी

स्थिति में व्यक्ति समाज निर्माण की अपनी महती भूमिका का निर्वाह उचित प्रकार कर सकता था। इससे समाज में शान्तिपूर्ण सहअस्तित्व एवं स्पर्धाहीन वातावरण का निर्माण होता है तथा प्रत्येक वर्ण सामाजिक अभिवृद्धि के नाम पर निर्द्वन्द्व होकर निर्बाध अग्रसर होता है। फलतः मनुष्य का सर्वांगीण विकास होता है, एवं अपनी कल्याणकारी भावना से वह व्यक्तिगत एवं समाजगत व्यवहारों का निष्पादन करते हुए परमपद प्राप्ति के अपने परम लक्ष्य के मार्ग पर अग्रसर होता है।

गीता में श्रीकृष्ण भी वर्ण-धर्म की महत्ता बताते हैं। वे कहते हैं, कि वर्ण-धर्म में प्रवृत्त व्यक्ति को सिद्धि प्राप्त होती है।[55] रामायण में भी वर्ण-धर्म च्युत ब्राह्मण को शूद्र से भी अधिक पतित एवं श्वान तथा भेड़िए के समान निकृष्ट माना गया है।[56] गीता में आया है, कि यदि वर्ण-धर्म में कोई दोष हो तो भी वह त्याज्य नहीं है।[57] आपस्तम्ब भी स्वधर्म पालन ना करने वाले की निम्न योनियों में जन्म लेने की बात कहते हैं।[58] मनु तो यहाँ तक कहते हैं, कि स्वधर्म त्याग कर किसी दूसरे वर्ण-धर्म का पालन करने वाला जाति-च्युत हो जाता है।[59] याज्ञवल्क्य तो स्वधर्म त्यागी के लिए राजा द्वारा दण्ड का विधान करते हैं।[60]

जन्म का सिद्धान्त

किन्तु वर्ण-व्यवस्था की उत्पत्ति विषयक जन्माधार व्याख्या भी पर्याप्त प्रचलित रही है। आपस्तम्बधर्मसूत्र में स्पष्ट कहा गया है कि ब्राह्मण परिवार में जन्मा व्यक्ति अयोग्य एवं अज्ञानी होकर भी पूजनीय है, तथा चारों वर्णों में जन्म के आधार पर श्रेष्ठ समझा जाता है।[61] स्पष्ट है, कि वर्ण का आधार जन्म माना गया है, न कि कर्म। महाकाव्य काल के आते-आते यह धारणा और अधिक पुष्टतर होती चली गई। किसी अन्य वर्ण का कर्मणा ब्राह्मण, ब्राह्मण वर्ण में सम्मिलित नहीं किया जाता था। परशुराम कर्म से क्षत्रिय थे। सर्वविदित है, कि उन्होंने इक्कीस बार क्षत्रिय शासकों से युद्ध करके उन्हें पराजित किया, किन्तु कर्म से क्षत्रिय होने के बावजूद भी वे कभी क्षत्रिय वर्ण में सम्मिलित नहीं किए गए, अपितु श्रेष्ठ ब्राह्मणों में ही उनकी गणना की जाती रही।

ठीक ऐसा ही एक अन्य उदाहरण द्रोणाचार्य के रूप में भी दिखाई पड़ता है। महाभारत काल में द्रोणाचार्य कुरू वंश में क्षत्रिय (युद्ध) कर्म करते दिखाई पड़ते हैं,

किन्तु सदैव ब्राह्मण कुल शिरोमणि ही कहलाते हैं।[62] इसके विपरीत उनके पुत्र अश्वथामा जो कि मात्र जन्म से ब्राह्मण थे, इसके अतिरिक्त न तो कोई गुण और न ही कोई कर्म उनका ब्राह्मणोचित था। यहाँ तक कि सोते हुए पाण्डव-पुत्रों का वध करने का निकृष्ट कार्य भी उन्होंने किया था, तदुपरान्त भी वे ब्राह्मण ही कहलाए।[63] जबकि सभी प्रकार के ब्राह्मणोचित सात्विक गुणों वाले युधिष्ठिर क्षत्रिय-वर्णी ही स्वीकार किए जाते रहें, उन्हें कभी भी ब्राह्मण वर्ण में स्वीकार नहीं किया गया।

इस सन्दर्भ में वसिष्ठ एवं विश्वामित्र के द्वन्द्व को भी दृष्टिगत किया जा सकता है। विश्वामित्र जो कि जन्मना क्षत्रिय और बड़े पराक्रमी शासक थे, किन्तु ब्रह्मर्षि बनना चाहते थे, और इसके लिए उन्होंने बहुत अधिक कठिन तप एवं साधना भी की। ब्रह्मणत्व को पाने के लिए वसिष्ठ से किया गया उनका संघर्ष उस युग के ब्राह्मण-क्षत्रिय संघर्ष के रूप में भी देखा जा सकता है, जो सम्भवतः समाज में प्रथम स्थान पाने के लिए किया गया था। हालांकि प्रत्येक क्षण विश्वामित्र, वसिष्ठ के ब्रह्मणत्व से पराजित होते रहे, और वे स्वयं ये स्वीकार भी करते हैं, कि "क्षत्रिय की शक्ति को धिक्कार है, ब्राह्मण की एकमेव गदा से मेरे समस्त शस्त्र नष्ट हो गए।"[64]

हालांकि वे ब्रह्मर्षि पद को पाने में सफल भी हुए किन्तु ऐसा उदाहरण बड़ा दुर्लभ है। जिसमें दूसरे पायदान से पहले पायदान तक चढ़ने में अतीव कठिन तपश्चर्या एवं साधना करनी पड़ी। अन्यथा कर्मणा होकर भी जन्मगत वर्ण को बदलना प्रायः असम्भव होता था। कर्मणा क्षत्रिय वर्णी कर्ण की आलोचना द्रौपदी ने उन्हें जन्मना सूत-पुत्र कह कर की थी।[65]

वर्ण-व्यवस्था का प्रारम्भिक स्वरूप

वर्ण विचार एवं वर्ण-व्यवस्था का स्वरूप समाज की गति में परिवर्तित होता रहा है। भिन्न-भिन्न युगों में कर्म, जन्म तथा व्यवसाय वर्ण-व्यवस्था के भिन्न-भिन्न आधार रहे हैं।

वर्ण-व्यवस्था का प्रारम्भ वैदिक काल में ही हो गया था, परन्तु ऋग्वैदिक काल के समाज में प्रगतिशील तत्व अधिक मात्रा में दृष्टिगत होते हैं। प्रारम्भ में जाति भेद नहीं पनपने पाया था, परन्तु वे परिस्थितियाँ विद्यमान अवश्य थीं, जिनसे इस वर्ण

व्यवस्था का विकास हुआ। ऋग्वेद, मनुस्मृति, कौटिल्य का अर्थशास्त्र, महाभारत, गीता, बौद्ध ग्रन्थों में भी वर्ण-व्यवस्था का उल्लेख मिलता है।

इससे प्रतीत होता है, कि प्राचीन भारत में आर्यों के आगमनोपरान्त दो वर्ग प्रमुख मिलते थे, आर्य एवं अनार्य। आर्यों में परस्पर कोई भेद-भाव न था। वे एक सुगठित जाति के थे। प्रारम्भ में उनका निवास सप्त सिन्धु तक ही सीमित था। किन्तु आवश्यकताओं में वृद्धि के कारण उनका विस्तार होने लगा। अब वे दूर-दूर स्थानों में जाकर अपने ग्राम बसाने लगे। परिवार के मुखिया के नाम पर गोत्र का निर्धारण होता था।

धीरे-धीरे समयोपरान्त एक ही स्थान पर एक ही गोत्र के कई परिवार उसी गोत्र में सम्मिलित हो गए। अनेक गोत्रों के समूहों ने गोष्ठियों, ग्रामों एवं जनपदों का निर्माण किया। आर्यों की ही तरह अनार्यों ने भी इस प्रथा का अनुसरण किया। अनार्यों के सम्पर्क के कारण आर्यों में भी अन्तर उत्पन्न होने लगा। अतः रक्त की शुद्धता कायम रखने के लिए आर्यों ने अपने मध्य तीन वर्ण बनाकर उनके कर्म निर्धारित कर दिए। ऐसा करने में उनका प्रमुख उद्देश्य आर्यपन की रक्षा करना ही था। प्रथम वर्ण धार्मिक कृत्यों का अधिकारी बना। यह वर्ण ब्राह्मण कहलाया। दूसरा वर्ण रक्षा एवं शासन का अधिकारी बना- जो क्षत्रिय कहलाए। तीसरा वर्ग कृषि, पशुपालन एवं अन्य व्यवसायों का अधिकारी था, ये वैश्य कहलाए तथा आर्यों-अनार्यों के रक्त सम्बन्ध एवं सम्पर्क द्वारा जो सन्तानें हुई वे शूद्र कहलायी।

ऋग्वैदिक काल में वर्ण-व्यवस्था के स्वरूप को लेकर सदैव से ही मतवैभिन्यता की स्थिति बनी हुई है। ऋग्वेद ही इस युग की ज्ञान प्राप्ति का मुख्य स्त्रोत है। किन्तु सम्पूर्ण ऋग्वेद में भिन्न-भिन्न स्थलों पर विभिन्न शब्दों एवं पदों का वास्तविक अर्थ निर्धारण कर सकना भी अत्यन्त कठिन है। यद्यपि ऋग्वेद के पुरुष-सूक्त में वर्ण-व्यवस्था के चारों वर्णों का उल्लेख मिलता है, किन्तु वर्णों का विचार उत्तर वैदिक काल में ही हुआ। विद्वानों का कहना है, कि वास्तव में भारतीय संस्कृति-सभ्यता की मूल स्थापना इसी काल में हुई। इस युग में शास्त्रकारों ने चारों वर्णों के कर्त्तव्यों का स्पष्ट उल्लेख किया है, प्रारम्भ काल में केवल दो ही वर्ण थे, किन्तु अनार्यों के विपरीत होने के पश्चात विभाजन की आवश्यकता आ पड़ी।

भारतीय इतिहास की गाथा, भारत में आर्यों के आगमन से प्रारम्भ हुई। भारत का इतिहास एक प्रकार से इस देश में आर्य जाति का इतिहास है। ऋग्वेद ना सिर्फ आर्य जाति अपितु सम्पूर्ण मानव जाति का प्रथम ग्रन्थ माना जाता है। ऋग्वेद से पूर्व की आर्यों की किसी और रचना का कोई प्रमाण प्राप्त नहीं होता है। ना ही ऋग्वेद में किसी पूर्व रचना का कोई उल्लेख मिलता है। ऋग्वैदिक सभ्यता के विषय में सारा ज्ञान ऋग्वेद पर आधारित है, और ऋग्वेद के मंत्रों की रचना किसी एक ऋषि ने एक निश्चित अवधि में नही की वरन् विभिन्न ऋषियों ने विभिन्न कालों में इन मन्त्रों अथवा ऋचाओं की रचना की। कालान्तर में इन रचनाओं को लेखबद्ध कर संकलित किया गया। ऋग्वेद दस मण्डलों में विभक्त है तथा 1028 मन्त्र इसमें हैं। इन मंत्रों की रचना विभिन्न ऋषियों ने विभिन्न समयान्तरों पर अलग-अलग स्थानों पर की।

ऋग्वेद का रचना काल स्थिर करना कठिन है, परन्तु दसवें मण्डल की रचना बाद में की गई थी। ऋग्वेद कालीन सभ्यता का निर्धारण प्रथम नौ मण्डलों के आधार पर ही किया जा सकता है। इन नौ मण्डलों के विषय में अनुमान है, कि सर्वप्रथम दूसरे से सातवें मण्डल की रचना हुई, यह मण्डल ऋग्वेद का हृदय माना जाता है। स्तुति मंत्रों का संकलन होने से आध्यात्मिक एवं धार्मिक दृष्टि से यह हिन्दू संस्कृति का अद्वितीय ग्रन्थ माना जाता है।

ऋग्वेद में ब्राह्मण शब्द अनेक बार प्रयुक्त हुआ है। किन्तु उसका अर्थ "जन्म से ब्राह्मण वर्ण का व्यक्ति" न होकर एक वर्ग विशेष है। वे स्मृतियों एवं प्रार्थनाओं के प्रणेता ब्राह्मण कहलाते थे। इसी प्रकार पुरोहित मात्र के लिए ब्राह्मण शब्द का ऋग्वेद में प्रयोग किया गया है। कहीं-कहीं सूक्तों में ब्राह्मण शब्द विशिष्ट मेधा सम्पन्न अथवा आचरणगत श्रेष्ठता सम्पन्न व्यक्तियों के लिए प्रयुक्त हुआ है। स्पष्ट है, कि ब्राह्मण शब्द कम से कम ऋग्वेद में जाति सूचक नहीं है। ठीक इसी प्रकार क्षत्रिय भी जाति के अर्थ में प्रयुक्त नहीं हुआ है। देवताओं की उपाधि अर्थ के रूप में अथवा राजा के अर्थ में क्षत्रिय शब्द का ऋग्वेद में अनेकशः प्रयोग उपलब्ध है। पुरुष सूक्त में क्षत्रिय अर्थ में राजन्य शब्द का उल्लेख किया जा चुका है। वैश्य शब्द भी ऋग्वेद में पुरुष सूक्त के अतिरिक्त कहीं उपलब्ध नहीं है। किन्तु "विश" शब्द का प्रयोग अनेक बार हुआ है और उसका अर्थ समूह अथवा जनदल है। ऋग्वेद में शूद्र शब्द भी पुरुष-सूक्त में आया है। परवर्तीकाल में शूद्रों के लिए सेवा, दास्यादि

जो कर्म निहित किए गए उन अर्थों में ऋग्वेद में दास अथवा दस्यु शब्द का उल्लेख किया गया है।

वर्ण शब्द का प्रयोग ऋग्वेद में दो वर्णों के सन्दर्भ में हुआ है। आर्य एवं दास तथा इनके विभागी कारण का आधार रंग है। परन्तु ऋग्वेद (1/51/8) के अनुसार दस्यु को अवृत (देवविहीन) माना गया है तथा ऋग्वेद (7/6/3) में उन्हें अक्रतु (यज्ञ विहीन) कहा गया है। अतएव वर्ण का आधार रंग को स्वीकार न करके गुण को किया गया है। किन्तु अभी तक वर्ण में वंश परम्परा प्रस्फुटित न हो पाई थी। ऋग्वेद (10/106/2,3) आदि में वर्णित ब्रह्मजाया शब्द का अर्थ जन्मना ब्राह्मण पत्नी से है पर यहाँ उसका वास्तविक अर्थ बृहस्पति, की पत्नी से है। एक ऋचा में वशिष्ठ को ब्राह्मण कहा गया है एवं उनके पिता थे मित्र वरुण जबकि वहीं एक अन्य संदर्भ में मित्र वरुण को क्षत्रिय कहा गया है। इसी प्रकार देवापि एवं शान्तनु को भाई-भाई कहा गया है, किन्तु देवापि पुरोहित एवं शान्तनु क्षत्रिय राजा थे। वैवाहिक सम्बन्धों में भी किसी प्रकार का कोई वर्णगत बन्धन नहीं था। श्यावाश्व ऋषि ने राजा रथवीत की कन्या से तथा कक्षीवान ऋषि ने स्वनय राजा की कन्या से विवाह किया था। स्पष्ट है, कि वर्ण-व्यवस्था अब तक भी ना तो आनुवंशिक हुई थी और ना ही किसी प्रकार की जटिलता का उसमें समावेश हुआ था। इसिलिए कूले भी कहते हैं कि "वैदिक कालीन वर्ण-व्यवस्था पूर्ण अनावृत थी।"

उत्तरवैदिक काल में वर्ण-व्यवस्था व्यवस्थित हो चुकि थी। इसमें परम्परागतता एवं आनुवंशिकता घर कर चुकी थी। वाजसनेयी संहिता मे आता है, कि हमें ऐसे ब्राह्मण को खोजना चाहिए तो उपयुक्त पुरोहित का पुत्र हो। इसी प्रकार ऐतरेय ब्राह्मण में एक ऐसे ब्राह्मण का उल्लेख है, जो ब्राह्मण का पुत्र था। वर्णों के बीच एक सूक्ष्म भेद स्थापित हो चुका था। ऐतरेय ब्राह्मण में इस भेद को स्पष्ट देखा जा सकता है, जहाँ कहा गया है, कि उपनयन संस्कार के समय ब्राह्मणों को गायत्री, क्षत्रियों को त्रिष्टुभ एवं वैश्यों को जगति मन्त्र का पाठ करना पड़ता है। सभी वर्णों के बीच यज्ञों के लिए अलग-अलग समय, यहाँ तक कि सभी वर्णों के अलग-अलग कर्त्तव्य भी निश्चित कर दिए गए थे। वर्णों के बीच ऊँच- नीच का स्तरीकरण हो चुका था, जहाँ ब्राह्मण देवताओं की कोटि में रखे गए थे, वहीं शूद्र का स्थान एक भारवाही पशु से अधिक न था। हांलाकि शूद्रों को आर्य कोटि में समाहित कर

लिया गया था, किन्तु दस्यु आर्यों के शत्रु थे अतएव शूद्रों को हेय दृष्टि से देखा जाता था।

आर्य सभ्यता के प्रचार-प्रसार, नए सम्बन्धों की स्थापना आदि कुछ ऐसे कारण थे जिनसे एक सुस्पष्ट सामाजिक स्पष्टीकरण की आवश्यकता अनिवार्य रूप से प्रकट हो रही थी। दृष्टिकोण के इस परिवर्तन ने आर्य साहित्य को भी प्रभावित किया। अब वर्ण का अर्थ रंग नहीं अपितु जाति सूचक हो चला था। ब्राह्मण ग्रन्थों के प्रणयन तक तो वर्ण-व्यवस्था इतनी जटिल हो चुकी थी, कि वर्णों की धार्मिक, सामाजिक क्षेत्रों में स्थिति, अधिकार, कर्त्तव्यों, कार्यों, उनके पुकारने के तरीकों में भिन्नता, यहाँ तक कि देवताओं तक की विभिन्न वर्णगत कोटियाँ बन गई थीं। जैसे अग्नि एवं बृहस्पति, ब्राह्मण थे, इन्द्र, वरुण एवं यम क्षत्रिय, वसु, विश्वेदेव वैश्य एवं पूषण शूद्र देव थे। शूद्रों को सबसे निम्न स्थान दिया गया था।

समाज में एक ही प्रकार का विवाह प्रचलित था अनुलोम प्रकार। गोत्र का प्रयोग व्यवहारिक क्षेत्रों में होने लगा था। उच्च वर्ण का व्यक्ति शूद्रा से संभोग कर सकता था किन्तु विवाह नहीं। दूसरी तरफ शूद्र को उच्च वर्ग की स्त्री के साथ ऐसा करना निषिद्ध था।

सूत्र-काल में वर्ण-व्यवस्था को प्राचीन परम्पराओं एवं मान्यताओं के अनुसार नए परिवेश में ढाला गया था। वर्ण-व्यवस्था को संगठित किया गया था। सामाजिक संगठन वर्णाश्रम धर्म के अनुसार बना हुआ था।[66] हालाँकि सैद्धान्तिक रूप से वर्ण-व्यवस्था के नियम कठोर ही बने हुए थे, किन्तु व्यवहारिक दृष्टि से बेहद लचीलापन इन नियमों में था। इन कठोर नियमों को उद्योग धन्धों के क्षेत्र में पराजय का सामना करना पड़ा। पेट भरने के लिए ब्राह्मण-क्षत्रियादि कोई भी व्यवसाय कर लेते थे। सूत्र काल से लेकर अद्यतन वर्ण-व्यवस्था के नियम पूरे तौर पर कभी भी व्यवहार में न आ पाए।[67]

उपनिषद् तथा सूत्र काल में गृह्य तथा धर्म सूत्रों का समय प्रायः छः सौ ईसा पूर्व से चार सौ ईसा पूर्व तक स्वीकार किया जाता है। वर्ण-व्यवस्था की दृष्टि से यह काल बहुत महत्वपूर्ण था। वृहदारण्यकोपनिषद् के अनुसार चारों वर्णों की उत्पत्ति प्रगति के आधार पर हुई है।[68] छान्दोग्योपनिषद् के अनुसार भी पूर्वजन्म के कर्म के आधार पर व्यक्ति का वर्ण बन जाता है।[69] उपनिषदों में वर्ण-व्यवस्था का स्वरूप

बेहद लचीला दिखाई पड़ता है। शूद्र भी ब्रह्मज्ञान प्राप्त करने के अधिकारी थे, यह तथ्य रैक्व ऋषि की कथा से स्पष्ट होता है। रैक्व ऋषि ने ज्ञानश्रुति पौत्रायन नामक शूद्र राजा को धर्म सम्बन्धि ज्ञान प्रदान किया था। दूसरी और कथा मिलती है, कि अश्वपति कैकेय नामक क्षत्रिय राजा ने पाँच ब्राह्मणों को तथा क्षत्रिय राजा प्रवाहण जाबालि ने गौतम नामक ब्राह्मण को आत्मा एवं धर्म सम्बन्धि ज्ञानोपदेश दिए थे। स्पष्ट है, कि वर्ण विभेद तो था किन्तु वर्ण-गत कार्यों में विभेद नहीं था।

सूत्रकाल में वर्ण-व्यवस्था और अधिक स्पष्ट हो गई थी। इस युग में श्रौत सूत्रों, गृह्य सूत्रों और धर्म सूत्रों में वर्ण-व्यवस्था क्रमशः कठोर हो गई थी। वैश्यों की स्थिति में तो गिरावट आई ही थी, साथ ही साथ शूद्रों की स्थिति तो बहुत बदत्तर हो गई थी। पाणिनी (2/4/10) ने तो निरवसित और अनिश्वसित दो प्रकार के शूद्रों का उल्लेख किया है। अपवित्र आचरण वाले शूद्र नगर या ग्राम के बाहर रहा करते थे। उन्हें संन्यास का भी अधिकार न था।

धर्म सूत्रों के समय में वर्ण-व्यवस्था का स्वरूप उचित सीमाओं को भी पार कर गया और वर्णगत विभेद ने शासकीय विधान और दण्ड नीति में भी अपनी जड़ें मजबूत कर ली थीं। एक ही अपराध के लिए चारों वर्णों को भिन्न-भिन्न प्रकार से दण्डित किया जाता था। ब्राह्मण के लिए सबसे न्यून एवं शूद्र के लिए सबसे अधिक एवं कठोर दण्ड का विधान था। इस समय तक अश्पृश्यता भी प्रारम्भ हो चली थी। अनेक धर्मसूत्रों में हीन जातियों के स्पर्श या सम्पर्क से उत्पन्न अपवित्रता के लिए विभिन्न प्रायश्चितों का विधान किया है।[70]

गृह्यसूत्रों में अस्पृश्यता का प्रारम्भिक रूप प्राप्त होता है। शूद्र तो समाज में हीन हो ही गए थे। परन्तु ब्राह्मण, क्षत्रिय, वैश्य वर्ण में भी किसी व्यक्ति का उपनयन संस्कार ना हो पाया तो वे गायत्री उपदेश के अयोग्य हो जाने के कारण "पतितसावित्रीक" या "ब्रात्य" कहलाते थे। ऐसे व्यक्तियों को यज्ञ में निमन्त्रित करना अथवा विवाह सम्बन्ध करना निषिद्ध था।[71] किन्तु यदि "पतितसावित्रीक" व्यक्ति ब्रात्यस्तोम कर लेता तो वह पुनः वर्ण के अन्तर्गत स्वीकृत हो जाता था। सभी वर्णों के अलग-अलग कर्त्तव्य बड़ी ही जटिलता के साथ लागू कर दिए गए थे। ब्राह्मण के कर्म अध्यापन, प्रवचन, यज्ञ करना, दान स्वीकार करना। क्षत्रिय का कार्य सब प्राणियों की रक्षा करना, न्यायानुसार दण्ड देना, ब्राह्मणों के आदेश का पालन करना, आपद ग्रस्तों का पालन

करना, भिक्षुकों, छात्रों, चिकित्सकों, सेवारत लोगों का पालन-पोषण करना, युद्ध के लिए तत्पर रहना, सारे राज्य में सेना के साथ विचरण करना, युद्ध में मृत्युपर्यन्त जमे रहना तथा राज्य की रक्षा के लिए कर संग्रह करना। वैश्य के कार्य, कृषि करना, महाजनी, वाणिज्य, पशुपालन आदि करना था। शूद्रों के कार्य सत्य, नम्रता तथा शौच का पालन करना, आचमन मन्त्र के बिना स्नान करना, श्राद्ध कर्म, अपने परिवार का भरण-पोषण करना तथा नाई, धोबी, बढ़ई, लुहार आदि के कार्य करना।

स्पष्ट है, कि वर्ण-व्यवस्था का स्वरूप समयान्तरों पर परिवर्तित होता रहा। कभी मात्र सामाजिक व्यवस्था के निमित्त प्रारम्भ की गई यह व्यवस्था उत्तरोत्तर जटिल होती चली गई थी। सभी वर्णों को एक सुस्पष्ट वर्ग मान कर उनके कर्त्तव्य अधिकार आदि सुनिश्चित कर दिए गए थे। परिणामतः चारों वर्णों के मध्य एक सुस्पष्ट विभाजक रेखा खिंच गई थी। इस विभाजन को अधिक स्पष्ट तौर पर समझने के लिए चारों वर्णों का इन विशेष स्थितियों का अध्ययन बेहद महत्वपूर्ण एवं आवश्यम्भावी हो जाता है।

ब्राह्मणों के कर्त्तव्य और अधिकार

अग्निरर्को विषं शस्त्रं विप्रो भवति कोपितः।
गुरूर्हि सर्वभूतानां ब्राह्मणः परिकीर्तितः।।

(महाभारत, 1/28/3-4)

महाभारत के इस श्लोक में ब्राह्मण को सभी जीवों का गुरु बताया गया है। स्पष्ट है, कि प्राचीन भारतीय इतिहास के सभी काल खण्डों में ब्राह्मणों की स्थिती सर्वोच्च बनी रही थी। ऋग्वेद में भी आता है, कि जो राजा ब्राह्मण का सम्मान करता है और उनको प्रथम स्थान देता है, वह राजा सुखपूर्वक निवास करता है।[73] शतपथ ब्राह्मण में भी ऐसे राजा के लिए सर्वविजयी होने की बात कही गई है।[74] तैत्तरीय संहिता में ब्राह्मण को नमनीय कहा गया है।[75] आपस्तम्ब धर्मसूत्र में जहाँ ब्राह्मण को सभी वर्णों का जन्मना गुरु कहा गया है,[76] वहीं विष्णु ने दस वर्षीय ब्राह्मण को भी सौ वर्षीय क्षत्रिय से अधिक श्रेष्ठ कहा है।[77] वनपर्व में ब्राह्मण को अति उच्च तप एवं तेज कहा गया है एवं कहा गया है, कि ब्राह्मण को प्रणाम करने के कारण ही सूर्य स्वर्ग में विराजमान है।[78] मनु भी जाति, उत्पत्ति स्थान (ब्रह्मा का मुख), श्रुति-स्मृति विहित

आचरण, यज्ञोपवीत संस्कार आदि की श्रेष्ठता के चलते ब्राह्मण को सभी वर्णों का स्वामी बताते हैं।[79] ब्राह्मण का वाक्य, देव-वाक्य कहा गया है।[80] किन्तु सत्य यह है, कि ब्राह्मण की यह श्रेष्ठता उनके कठोर त्यागमय जीवन के कारण थी, जिसने उसे समाज में प्रतिष्ठित किया था।

ब्राह्मणों के कर्त्तव्य अति कठिन और जीवन बेहद त्यागमय एवं धार्मिक क्रिया-कलापों से सम्पन्न बहुत सादा होता था। गीता में श्रीकृष्ण शम, दम, तप, शौच, क्षमा, सरलता आदि को ब्राह्मणों का कर्त्तव्य बताते हैं।[81] महाभारत के अनुसार जो जातकर्म आदि संस्कारों द्वारा सुसंस्कृत हो, पवित्र हो, वेदाध्ययन करता हो, षट्कर्म करता हो अच्छे आचरण वाला हो वही ब्राह्मण है।[82]

कौटिल्य के अनुसर अध्ययन-अध्यापन, यजन-याजन, दान और प्रतिग्रह ब्राह्मण के प्रमुख कर्म है।[83] पतंजलि के अनुसार ब्राह्मण माता-पिता से उत्पन्न, विद्वान तथा ब्राह्मणों के विहित कर्मो को करने वाला व्यक्ति ही ब्राह्मण कहलाता है। श्रुति का अध्ययन उसका प्रमुख धर्म है और इसी से उसे ब्रह्मण्य या ब्राह्मण्य प्राप्त होता है।[84] जहाँ मनु अध्ययन-अध्यापन, यजन-याजन को ब्राह्मण का कर्त्तव्य बताते हैं,[85] वहीं भविष्यपुराण में श्रुति और स्मृति को ब्राह्मण के नेत्र कहा गया है, जिनके आभाव में ब्राह्मण काना या अन्धा माना जाता हैं।[86] शुक्रनीतिसार में कहा गया है, कि जो मनुष्य ज्ञान, कर्म और उपासना के द्वारा ईश्वर की आराधना में लीन रहता हैं तथा शान्त, संयमी, दयालु है एवं शम, दम इत्यादि सम्पन्न है वही ब्राह्मण है।[87] ब्राह्मण के लिए अत्याधिक धनार्जन निषिद्ध कहा गया है,[88] क्योंकि इससे उसकी आलौकिक ज्योति नष्ट हो जाती है।[89] यदि अपनी वृत्ति से जीविकोपार्जन ना हो पा रहा हो तो फसल कट जाने के पश्चात् खेत से धान की बालियाँ चुनकर जीवन यापन करना चाहिए।[90] ब्राह्मण के लिए निर्धारित इसी त्यागमय कठोर एवं स्वाध्यायी तपस्या पूर्ण जीवन शैली ने समाज में उसकी प्रतिष्ठा को स्थापित किया था।

ब्राह्मण चूँकि स्वाध्यायी होता था अतएव वह जीवन के सभी क्षेत्रों का ज्ञान रखता था। यही कारण था, कि ब्राह्मण को सामाजिक, राजनीतिक, शैक्षणिक, आर्थिक यहाँ तक कि न्याय के क्षेत्र में भी विशेष अधिकार दिए गए थे। राज दरबार में ब्राह्मण पुरोहित, कुल पुरोहित, प्रधानमंत्री जैसे महत्वपूर्ण पदों पर रहकर राजा को परामर्श दिया करते थे।[91] वह दान प्राप्त करने का एकमात्र अधिकारी था।[92] उसके धन को

राजा भी ग्रहण न कर सकता था।[93] यहाँ तक कि सभी प्रकार के करों से भी वह मुक्त था।[94] सम्वेत् रूप में यह कि ब्राह्मण पूर्णरूपेण अवध्य, अबन्ध्य, अबहिष्कार्य, अपरिवाद्य तथा अपरिहार्य थे।[95]

ब्राह्मण को जीविकोपार्जन के लिए कतिपय छूट भी दी गई थीं। जैसे गौतम आपातकाल में उन्हें क्षत्रिय या वैश्य वृत्ति अपनाने की सलाह देते हैं,[96] तो महाभारत में उन्हें द्विजाति कर्म करने की अनुमति दी जाती है।[97] वसिष्ठ भी इनका समर्थन करते हैं।[98] किन्तु याज्ञवल्क्य कुछ कठोर होते हैं और कहते हैं, कि आपत्तिकाल व्यतीत हो जाने पर प्रायश्चित करके पुनः अपनी वृत्ति अपनानी चाहिए।[99] मनु भी इनका समर्थन करते हैं।[100] अष्टाध्यायी से प्राप्त "ब्राह्मणक" शब्द भी इसकी पुष्टि करता है, जहाँ यह शब्द उस देश के लिए प्रयुक्त होता है, जहाँ ब्राह्मण आयुध-वृत्ति करते थे।[101] बोधायन भी गौओं एवं ब्राह्मणेां की रक्षार्थ ब्राह्मणों के शस्त्र रखने का परामर्श देते हैं।[102] द्रोणाचार्य, कृपाचार्य, अश्वथामा आदि ऐसे ही ब्राह्मण थे।[103] पुष्यमित्र शुंग, विन्ध्यशक्ति, मयूर शर्मा ऐसे ब्राह्मण थे जिन्होंने राजकुलों की स्थापना की।

हांलाकि ब्राह्मण को वैश्य-वृत्ति भी अपनाने की छूट कतिपय परिस्थितियों में थी किन्तु जीव हिंसा के कारण उसे इससे प्रायः दूर रहने का परामर्श ही दिया जाता था।[104] साथ ही व्यापार का भी अधिकार उसे था किन्तु कतिपय सीमाओं के साथ।[105] महत्वपूर्ण यह है, कि किसी भी परिस्थिति में ब्राह्मण को शूद्रवृत्ति अपनाने की आज्ञा नहीं थी।[106]

इन्हीं समस्त परिस्थितियों के मध्य ब्राह्मण का जीवन बेहद विशेषाधिकार युक्त तो हो जाता था, किन्तु उस पर व्याप्त संयम, त्याग, नियम आदि से जीवन प्रायः सादा और सदाचार युक्त रहता था। यही कारण था कि ब्राह्मण, समाज में एक ऐसे महत्वपूर्ण एवं प्रतिष्ठित पद पर था, जिसकी ओर बड़े से बड़ा राजा भी शीश नवा कर बात किया करता था।

क्षत्रिय के कर्त्तव्य एवं अधिकार

क्षत्रिय वर्ण-व्यवस्था के इस क्रम से द्वितीय स्थान पर आते थे। ऋग्वेद में क्षत्रिय की उत्पत्ति विराट पुरुष की भुजाओं से बताई गई है।[107] इसी कारण क्षत्रिय को भुजाओं

की भाँति समाज शरीर की रक्षा आदि का कार्य सौंपा गया, जो शूरता एवं वीरता से सम्बन्धित है।[108] अथर्ववेद में भी युद्धादि कार्य एवं यज्ञ करना क्षत्रिय के कार्य बताए गए हैं।[109] सूत्रकारों ने भी राज्य शक्ति के निमित्त वेदाध्ययन, यजन, शस्त्रधारण, शासन संचालन, न्यायोचित दण्ड देना आदि को क्षत्रिय के लिए महत्वपूर्ण बताया है।[110] रामायण और महाभारत में भी इसी प्रकार के उल्लेख हैं।[111,112] गीता में श्रीकृष्ण शौर्य, तेज, धैर्य, चातुर्य, युद्धादि क्षत्रिय के कर्म बताते हैं।[113] श्रीमद्‌भागवत में आया है, कि जो राजा पिता की भाँति प्रजा पालन करता है, अन्त में सूर्य के समान तेजस्वी होकर स्वर्गलोक को प्राप्त करता है।[114]

क्षत्रिय को भी ब्राह्मण की ही भांति विशेषाधिकार प्राप्त थे, किन्तु इनकी संख्या अपेक्षाकृत नगण्य थी। महाभारत के अनुसार शासन करने, दण्ड देने एवं युद्ध में विजित सामग्री पर क्षत्रिय का ही एकाधिकार होता था।[115] मनु भी इसी मत के समर्थक हैं।[116] दण्ड के क्षेत्र में भी क्षत्रिय को विशेषाधिकार थे। ब्राह्मण को अपशब्द कहने पर क्षत्रिय को सौ पण, वैश्य को एक सौ पचास पण एवं शूद्र को मृत्युदण्ड मिलता था।[117] मनु भी इसकी पुष्टि करते हैं।[118] इसी प्रकार क्षत्रिय ब्राह्मण-कन्या के अतिरिक्त शेष तीनों वर्णों की कन्याओं से विवाह कर सकता था। राज्य के स्वामी होने के नाते कर ग्रहण करने का भी क्षत्रिय को एकाधिकार था।

क्षत्रिय को भी आपद्-स्थितियों में वर्णेत्तर कर्म करने की अनुमति प्राप्त थी। गौतम ऐसी स्थिति में उन्हें वैश्य-वृत्ति अपनाने का परामर्श देते हैं।[119] बौधायन हांलाकि इसका समर्थन करते हैं, किन्तु ऋण-दान को विवर्जित करते हैं।[120]

बौद्ध ग्रन्थों में भी क्षत्रिय को आपत्ति काल में वणिक, हस्तशिल्पी, कुम्भकार, गायक आदि कार्य करने की अनुमति दी गई है।[121] मनु हांलाकि वैश्य वृत्ति अपनाने का परामर्श देते हैं, किन्तु जीव हिंसा के कारण कृषि कर्म वर्जित करते हैं।[122] साथ ही साथ मनु क्षत्रियों को कुछ वर्जनाओं के साथ व्यापार की अनुमति भी देते हैं। वे उन वस्तुओं की सूची देते हैं, जिनका व्यापार क्षत्रिय को नहीं करना चाहिए।[123] याज्ञवल्क्य कहते हैं, कि आपत्तिकाल में भले ही क्षत्रिय; वैश्य या शूद्र की वृत्ति अपना सकते थे किन्तु आपद काल के पश्चात् पुनः अपनी वृत्ति अपना लेनी चाहिए।[124] किन्तु किसी भी स्थिति में क्षत्रिय को ब्राह्मण-वृत्ति नहीं अपनानी चाहिए।[125] महाभारत में भी इसी तरह की बात आती है, कि क्षत्रिय को अध्यापन, याजन और

दान ग्रहण नहीं करना चाहिए।[126] स्पष्ट है, कि आपत्तिकाल में क्षत्रिय अपनी आजीविका और परिवार के पालन-पोषण के लिए कुछ वर्जनाओं के साथ विजातीय वृत्तियाँ अपना सकते थे।

वैश्य के कर्त्तव्य एवं अधिकार

वर्ण-व्यवस्था के क्रम में वैश्यों को तीसरा स्थान प्राप्त था। ऋग्वेद में हालाँकि विश शब्द का उल्लेख अनेकानेक स्थानों पर प्राप्त होता है, किन्तु वैश्य शब्द मात्र एक बार प्राप्त होता है।[127] वैश्यों का प्रमुख कर्त्तव्य कृषि, पशुपालन एवं व्यापार-वाणिज्य द्वारा देश की आर्थिक दशा को सुदृढ़ करना था। चूँकि इस काल में पशुधन का अत्याधिक महत्व था अतएव उनकी समृद्धि एवं रक्षा करना वैश्यों का दायित्व समझा जाता था।[128] तैत्तरीय संहिता के अनुसार भी इस वर्ण का कार्य पशुपालन एवं अन्नोत्पादन करना था।[129]

बौधायन अध्ययन, यजन, दान देना, कृषि, पशुपालन, व्यापार को वैश्य के कर्त्तव्य बताते हैं,[130] तो गौतम भी इनका समर्थन करते दिखाई पड़ते हैं।[131] महाभारत में भी यजन, दान देना, स्वाध्याय, कृषि, पशुपालन, व्यापार-वाणिज्य ही वैश्य के कर्म बताए गए हैं।[132] किन्तु इन सब में पशुपालन को वैश्यों का प्रमुख कर्त्तव्य बताया गया है। कहा गया है, कि प्रजापति ने पशुओं की रक्षा का भार वैश्यों को सौंपा है, अतः उसे पशुपालन से विमुख नहीं होना चाहिए।[133] मनु एवं याज्ञवल्क्य भी दान देना, अध्ययन, यजन, महाजनी, व्यापार को वैश्यों का कर्त्तव्य बताते हैं।[134,135] पुराणों में भी इसी प्रकार के उल्लेख मिलते हैं।[136] पाराशर ऋण पर ब्याज लेने को भी वैश्यों की वृत्ति बताते हैं।[137] शुक्र कहते हैं, कि जो क्रय-विक्रय में निपुण हैं, व्यापार द्वारा जीविकोपार्जन करते हैं एवं पशुओं की रक्षा तथा कृषि करते हैं, वे वैश्य हैं।[138]

इसमें कोई सन्देह नहीं कि वैश्य, अपने अथक परिश्रम एवं लगन से राज्य की आर्थिक व्यवस्था को ना सिर्फ गति प्रदान करते थे अपितु उसकी रीढ़ बनकर उसे सुदृढ़ता भी देते थे। राज्य को प्राप्त होने वाले कर का महत्वपूर्ण एवं अधिकांश भाग इसी वर्ण से आता था, तथापि सामाजिक व्यवस्था में वैश्यों को तीसरा स्थान दिया गया था। ब्राह्मण एवं क्षत्रिय उससे ऊपर थे। किसी प्रकार के विशेषाधिकार भी वैश्यों को प्राप्त ना थे। यहाँ तक कि एक ही प्रवृत्ति के अपराध के लिए वैश्यों को दोनों

ऊपरी वर्णों के अपेक्षाकृत अधिक कठोर दण्ड दिया जाता था। उदाहरण के लिए गौतम का विधान दर्शनीय है। वे कहते हैं, कि यदि क्षत्रिय, ब्राह्मण को अपमानित करें तो उसे एक सौ कार्षापण दण्ड मिलता है, किन्तु वैश्य को एक सौ पचास कार्षापण। इसके विपरित यदि ब्राह्मण, क्षत्रिय का अपमान करें तो उस पर पचास कार्षापण किन्तु यदि वैश्य का अपमान करें तो मात्र पच्चीस कार्षापण का दण्ड मिलता है।[139] यह अन्तर वैश्यों की अपेक्षाकृत हीन स्थिति को स्वयं ही दर्शाता है।

आपद्स्थितियों में कुछ विशेष छूट उन्हें अवश्य ही प्राप्त थीं। वे भी आपत्तिकाल में स्वधर्म त्यागकर अन्य वर्णों की वृत्ति अपना सकते थे। महाभारत में भी आपत्तिकाल में अपने से निम्न वर्णों की वृत्ति अपनाने की बात कही गई है।[140] किन्तु यहाँ एक अपवाद है। सामान्यतः आपत्तिकाल में जहाँ स्वयं से निम्न वर्णों के कर्म अपनाने का विधान है, वहीं वैश्यों को शस्त्र धारण करने की भी छूट थी। जबकि यह उससे उच्च क्षत्रिय वर्ण का कर्म है।

बौधायन गौ, ब्राह्मण एवं अपने वर्ण की रक्षार्थ वैश्यों को शस्त्र धारण की अनुमति देते हैं।[141] महाभारत में भी ऐसा ही विधान प्राप्त होता है।[142] किन्तु किसी भी परिस्थिति में वे ब्राह्मण-वृत्ति नहीं अपना सकते थे।[143]

वैश्यों ने विभिन्न प्रकार के व्यवसाय एवं व्यापार अपनाए हुए थे। फलतः उनके कई वर्ग बन गए थे। उदाहरणार्थ स्थानीय व्यापारी, कारवाँ, सामुद्रिक व्यापारी, वणिक्, साधारण व्यापारी इत्यादि। कारवाँ प्रकार वह था जो समूहों में भारवाही पशुओं का प्रयोग कर भ्रमण करते हुए व्यापार करते थे। इसी प्रकार अन्य थे। जैसे समुद्री व्यापार करने वाले सामुद्रिक व्यापारी कहलाते थे। वणिक विभिन्न वस्तुओं का उत्पादन करके व्यापार करते थे जबकि साधारण व्यापारी छोटी-छोटी वस्तुओं का क्रय-विक्रय किया करते थे।[144]

शूद्र वर्ण के कर्त्तव्य एवं अधिकार

शूद्र को वर्ण-व्यवस्था के अन्तिम स्थान पर रखा गया था। प्रारम्भ में जिन दास-दस्युओं का उल्लेख हमें ऋग्वेद में प्राप्त होता है, सम्भवतः कालान्तर में वे ही आर्यों द्वारा पराजित किए गए एवं उन्हें सेवक बनाया गया तथा शूद्र वर्ण में स्थान मिला।[145] यहाँ रामशरण शर्मा के मत का उल्लेख भी आवश्क हो जाता है। वे कहते

हैं, कि शूद्र वर्ण मात्र दास या दस्यु ही नहीं थे अपितु सामाजिक विषमता के चलते आर्यों में भी श्रमिक वर्ग का उदय हुआ था और वे भी शूद्र वर्ण में समाहित किए गए थे।[146] वस्तुत: इस वर्ग के द्वारा शारीरिक श्रम सम्बन्धि सामाजिक आवश्यकता की पूर्ति की गई थी। ऋग्वेद के पुरुष-सूक्त में विराट पुरुष के पैरों से शूद्र की उत्पत्ति इस तथ्य को और अधिक पुष्ट कर देती है।[147]

ऋग्वेद काल में शूद्रों की स्थिति अपेक्षाकृत अधिक अच्छी थी। वर्ण-व्यवस्था कर्माधारित थी फलत: उच्च वर्ग की श्रेष्ठता प्राप्त करने का भी अधिकार उन्हें था। हालाँकि परवर्ती काल में इनकी स्थिति में बहुत अधिक गिरावट आ गई थी। ऋग्वेद में बलबूथ नामक दास द्वारा ब्राह्मण को सौ गाय दान में दिए जाने का उल्लेख मिलता है।[148] इसके विपरीत परवर्ती कालों में शूद्रों द्वारा दिया गया दान भी ब्राह्मणों के लिए त्याज्य माना गया। उन्हें समस्त अधिकारों से वंचित करके मात्र सेवा-सुश्रुषा तक सीमित कर दिया गया। ऐतरेय ब्राह्मण में उन्हें कभी भी निकाला जा सकने वाला सेवक कहा गया।[149] शतपथ ब्राह्मण में भी उनका प्रमुख कार्य सेवा-सुश्रुषा ही बताया गया है।[150]

धर्मशास्त्रकारों ने भी सेवा को ही शूद्र का एकमात्र धर्म माना है। आपस्तम्ब, द्विजातियों की सेवा द्वारा भरण-पोषण प्राप्त करने को शूद्र का कर्त्तव्य बताते हैं।[151] गौतम भी इसी मत का समर्थन करते दिखाई पड़ते हैं।[152]

यहाँ तक कि शूद्र को धन संचय का भी अधिकार ना था। उसकी सारी सम्पत्ति आपत्ति में उसके स्वामी की मानी जाती थी।[153] शूद्रों की दयनीय स्थिति का इससे उत्तम उदाहरण क्या होगा, कि शूद्र-हन्ता को वही दण्ड मिलता था जो कौवे, उल्लू, मेंढक या कुत्ते के मारने पर मिलता था।[154] महाभारत में शूद्र की पाप मुक्ति का मार्ग त्रिवर्गों की सेवा बताया गया है।[155] किन्तु त्रिवर्गों को भी शूद्रों के समुचित भरण-पोषण के उत्तरदायित्व का निर्देश दिया गया था।[156] सेवा के साथ-साथ विभिन्न प्रकार के शिल्प, नर्तक आदि एवं कई उद्योग-धन्धों का भी उन्हें अधिकार दिया गया था।[157] किन्तु मनु मात्र द्विजों की सेवा ही शूद्र का कर्म बताते हैं,[158] एवं वे आगे कहते हैं, कि शूद्र को सदैव द्विजों द्वारा त्यक्त पदार्थ ही ग्रहण करने चाहिए।[159] याज्ञवल्क्य भी इनके समर्थन में दिखाई पड़ते हैं।[160]

गुप्तकाल के आते-आते शूद्रों के प्रति उदारता दृष्ट्व्य होती है। अब सामान्य तौर पर भी शूद्रों को शिल्पादि कर्म करने की अनुमति मिल गयी थी।[161] अमर कोष,

बृहस्पति, शंखस्मृति आदि सभी ग्रन्थों में इसी प्रकार का विधान मिलता है।[162] वृद्धहारीत तो कृषि, पशुपालन सभी वर्गों के लिए समान बताते हैं।[163] किन्तु इसके बावजूद भी शूद्रों की हीन स्थिति में व्यवहारिक तौर पर कोई परिवर्तन नहीं आया था। हांलाकि यह सर्वविदित है, कि ऐतरेय ब्राह्मण के रचयिता महिषदास ऐतरेय स्वयं इतरा नामक शूद्रा के पुत्र थे।[164] अपने कर्मों द्वारा ब्रह्मणत्व प्राप्त करने वाले वत्स एवं कवष ऐलूष क्रमशः शूद्रा एवं दासी से उत्पन्न हुए थे।[165] रैक्व नामक शूद्र ऋषि राजा ज्ञानश्रुति को संवर्ण (वायु एवं प्राण) विद्या का ज्ञान देते हैं।[166] यह भी ज्ञात है, कि व्यास ऋषि धीवर कन्या से, पराशर श्वपाक कन्या से, कपिंजलाद चाण्डाल स्त्री से, ऋषि मदनपाल नाविक स्त्री से एवं वसिष्ठ एक गणिका स्त्री से जन्मे थे।[167]

साथ ही साथ शूद्र राजाओं के उल्लेख भी प्राचीन अनुश्रुतियों में स्पष्ट देखे जा सकते हैं। नन्द वंश का संस्थापक महापद्मनन्द स्वयं शूद्र था। पुराणों में उसे "शूद्रागर्भोद्भव" अर्थात् शूद्रा के गर्भ से उद्भव कहा गया है।[168] रामायण में निषादराज गुह का उल्लेख है, जो कोशल एवं गंगा के मध्य शासन करते थे। उनके पास सेना, कोष, दुर्ग आदि सभी राजसी पदार्थ थे।[169] महाभारत के दिग्विजय प्रकरण में भी शूद्र राजाओं का उल्लेख मिलता है।[170]

आपत्तिकाल में भी शूद्रों के लिए पर्याप्त लचक सामाजिक व्यवस्था में अपनाई गई थी। महाभारत के अनुसार ऐसे समय में वो व्यापार, पशुपालन अथवा कोई शिल्प अपना सकता है।[171] मनु शूद्र के लिए बढ़ईगिरी, चित्रकारी, पच्चीकारी, रंगरेजी आदि शिल्प आपत्ति के लिए बतलाते हैं।[172] जबकि कौटिल्य सेना में सम्मिलित होने को शूद्र के लिए अच्छा उपाय मानते हैं।[173] याज्ञवल्क्य ऐसी विषम परिस्थितियों में वाणिज्य करने को कहते हैं,[174] तो नारद क्षत्रिय एवं वैश्य-वृत्ति अपनाने की बात कहते हैं।[175] पुराणों में भी क्रय-विक्रय एवं व्यापारिक लाभ लेने की अनुमति शूद्रों को मिलती है।[176] देवल द्विजातियों की सेवा के अतिरिक्त कृषि, पशुपालन, भारवहन, क्रय-विक्रय, चित्रकारी, नृत्य, संगीत, वेणू, वीणा, मृदंग, ढोलक आदि वाद्ययन्त्रों से जीविकोपार्जन की बात कहते हैं।[177] वहीं पाराशर नमक, मधु, तेल, दही, मठ्ठा, घृत, दूध आदि वस्तुओं के विक्रय से जीविकोपार्जन करने का परामर्श शूद्र को देते हैं।[178] स्पष्ट है, कि आपद्स्थितियों में शूद्र, वैश्य एवं क्षत्रिय का कार्य कर सकते थे।

इस प्रकार शूद्र भी दो वर्गों में बँट गए थे। पाणिनी निरवासित एवं अनिरवासित दो वर्गों का उल्लेख करते हैं।[179] निरवासित अत्यन्त निम्न कोटि के शूद्र माने जाते थे। चाण्डाल एवं मृतप इसी श्रेणी में आते थे। जबकि अनिरवासित शूद्र स्पृश्य थे। उदाहरणार्थ तन्तुवाय, रजक आदि। याज्ञवल्क्य भी भोज्यान्न एवं अभोज्यान्न दो प्रकार के शूद्रों का उल्लेख करते हैं। भोज्यन्न द्वारा बनाया गया भोजन ब्राह्मण भी ग्रहण कर सकते थे। उदाहरणार्थ दास, पशुपालक एवं नाई इत्यादि जबकि दूसरे प्रकार के शूद्र स्पृश्य नहीं थे।[180]

उपर्युक्त विवेचन से स्पष्ट हो जाता है, कि बहुत पुनीत भावना से सामाजिक व्यवस्था को सुचारू रूप से चलाने के लिए गठित वर्ण-व्यवस्था प्रारम्भिक तौर पर अपने स्वाभाविक रूप से गतिमान रही किन्तु कालान्तर में समयानुसार इसमें कई प्रकार के परिवर्तन भी स्पष्टतः दृष्टिगत होते रहे। हालांकि अपने मूल रूप में यह अपरिवर्तित रही तथापि विभिन्न कालों में इस सामाजिक संस्था ने कई चरण पार किए। योग्यता एवं कर्म पर आधारित वर्ण-व्यवस्था में जन्माधार भी स्पष्टतः देखा जा सकता है। स्वाभाविक है ऐसे में आनुवंशिकता भी पर्याप्त प्रभावी रही होगी और इसी आनुवंशिकता ने वर्ण-व्यवस्था को कहीं-कहीं जटिल भी बनाया।

वस्तुतः सभ्यता के विभिन्न कालों में प्रत्येक वर्ण भी अपनी-अपनी स्थितियों में परिवर्तन कर रहा था। उद्देश्य कदाचित् समाज में प्रथम श्रेणी पर स्वयं को स्थापित करने का था और इसी प्रयास के तौर पर ब्राह्मण-क्षत्रिय संघर्ष को देखा भी जा सकता है। किन्तु फिर भी जो वर्ण समस्त काल खण्ड में सर्वोच्च बन रहा वह था-ब्राह्मण वर्ण। ऋग्वैदिक काल से लेकर गुप्त काल तक हालांकि स्थितियाँ बदलती रहीं तथा महत्ता भी कम ज्यादा होती रही किन्तु इसके बावजूद भी समाज में सर्वोच्चता ब्राह्मणो की ही रही। शोध ग्रन्थ के आगामी अध्यायों में इसी पर चर्चा की जाएगी कि विभिन्न काल खण्डों में ब्राह्मणों की स्थिति वास्तव में कैसी रही और किस-किस प्रकार की उठा-पटक इसमें होती रही।

सन्दर्भ-सूची

1. निरूक्त, 2/7,
2. अष्टाध्यायी, 2/1/69, 4/1/39, 5/2/132, 134,

3. ऋग्वेद, 1/73/7, 2/3/5, 9/97/15, 9/104/4, 9/105/4, 10/124/7,
4. वही, 2/2/4,'यो दासं वर्णमधरं गुहा कः।'
5. वही, 1/179/6, 3/34/9, 'ससानात्यां उत सूर्यं सासनेन्द्र समान पुरूभोजसं गाम्।
हिरण्यमुत भोगं समान हत्वी दस्यून प्रार्य वर्णमावत्।।'
6. तैत्तरीय ब्राह्मण, 1/2/6
7. अर्थशास्त्र, 2/3, 'स्वधर्मो ब्राह्मणस्याध्ययन मध्याय नमं यजनं याजनं दानं प्रति गहेश्चेति।
क्षत्रियस्याध्ययनं यजनं दानं शस्त्र जीवो भूत रक्षणं च।।
वैश्याध्ययनं यजनं दानं कृषि पशुपाल्यै वाणिज्या च।
शूद्रस्थ द्विजाति शुश्रुषा वाती कारू कुशीलव कर्म च।।'
8. डॉ. सुशील माधव पाठक, विश्व की प्राचीन सभ्यताओं का विकास, पृ. 53,
9. प्रो. वामन काणे, धर्मशास्त्रों का इतिहास, पृ. 75
10. डॉ. स्मिथ, अर्ली हिस्ट्री ऑफ इण्डिया, पृ. 46
11. डॉ. इ. जे. रेप्सन, कैम्ब्रिज हिस्ट्री ऑफ इण्डिया, पृ. 62
12. हट्टन, कास्ट इन इण्डिया, पृ. 64,
13. ऋग्वेद, 10/90/12, 'ब्राह्मणोऽस्य मुखमासीद् बाहु राजन्यः कृतः।
उरू तदस्य यद् वैश्यः पद्भ्यांन्शूद्रोऽअजायत।।'
14. वही, 10/90/12/1, 'सहस्त्रशीर्षा पुरुषः सहस्त्राक्षः सहस्त्रपात्।
पुरुष एवेदं सर्वं यदभूतं यच्चभाव्यम्।।'
15. दत्त, ओरीजन एण्ड ग्रोथ ऑफ कास्ट इन इण्डिया, 1 पृष्ठ 3
16. मनुस्मृति, 1/88, 'अध्ययन अध्यापनं यजनं याजनं तथा।
दानं प्रतिग्रहश्चैव ब्राह्मणानामकल्पयत्।।'
17. श्रीमद्भागवद् गीता, 18/43,'शौर्य तेजो धृतिर्दाक्ष्यं युद्धे चाप्यपलायनम्।
दानमीश्वर भावश्च क्षत्र कर्म स्वभावनम्।।'
18. मनुस्मृति,1/10 'पशूनां रक्षणं दानमिज्याध्ययनमेव च।
वण्क्पथं कुसीदं च वैश्यस्य कृषिमेव च।।'
19. वही, 1/91 'एकमेव तु शूद्रस्य प्रभुः कर्म समादिशत्।
एतेषामेव वर्णानं शुश्रूषामनसूयया।।'

20. वृहदारण्यकोपनिषद्, 1/4/11-15,

21. रानाडे, ए कंस्ट्रक्टिव सर्वे ऑफ उपनिषदिक फिलॉसफी, पृ0 60,

22. मनुस्मृति, 1/31, 'लोकानां तु विवृद्धयर्थं मुखबाहुरूषादत्तः।
ब्राह्मणं, क्षत्रियं, वैश्यं, शूद्रं च निरवर्तयत्त।।'

23. विष्णुपुराण, 1/12/63-64, 'त्वन्मुखात् ब्रह्मणास्त्वत्तो बाहोः क्षत्रमजायत।
वैश्यास्तवोरूजाः शूद्रस्तव पदभ्यां समुद्‌गताः।।'

24. मत्स्यपुराण, 4/28, 'वामदेवस्तु भगवानसृजन्मुखतो द्विजान्।
गजन्यान् सृजद्‌बाहोर्विटशूद्रानुरूपादयोः।।'

25. वायुपराण, 9/113, 'वक्त्रादस्य ब्राह्मणाः सम्प्रसूता यद्वक्षतः क्षत्रिया पूर्व भागे।
वैश्याश्चोरोर्यस्य पद्‌भ्यां च शूद्राः सर्वे वर्णा गात्रतः संप्रसूता।।'

26. ब्रह्माण्डपुराण, 1/5/108

27. महाभारत, 12/122/4-5, 'ब्राह्मणो मुखतः सृष्टो ब्रह्मणो राजसत्तम्।
बाहुभ्यां क्षत्रियः सृष्ट उरूभ्यां वैश्य एव च।।
वर्णानां परिचार्यार्थ त्रयाणां भरतर्षभ।
वर्णश्चतूर्थः संभूत पद्‌भ्यां शूद्रो विनिर्मितः।।'

28. महाभारत, 12/188/1-17,

29. गीता, 4/13, 'चतुर्वण्यं मया सृष्टं गुण-कर्म विभागशः।
तस्य कर्तारमपि मां विद्धयकर्तारमव्ययम।।'

30. महाभारत, 12/188/5, 'ब्रह्मणां तु सितो वर्णः क्षत्रियाणां तु लोहितः।
वैश्यानां पीतको वर्णः शूद्रणामसितस्तथा।।'

31. वही, 12/199/5, 'सितः स्वच्छः सत्वगुणः प्रकाशात्मा शमदमादिस्वभावः।
लोहितो रजोगुणः प्रवृत्यात्मा शौर्यतेज आदिस्वभावः।।
पीतकः रजस्तमोव्यामिश्र कृष्यादीनिहीनकर्मप्रर्वतकः।
असित कृष्णः आवरणात्मा तमोगुणः स्वतः प्रकाशप्रवृतिहीनः शकटवत् परप्रेर्यः।।'

32. गीता, 14/5, 'सत्वं रजस्तम इति गुणाः प्रकृतिसंभवाः।'

33. वही, 14/6-9, 'तत्र सत्वं निर्मलत्वात्प्रकाशकमनामयम्।

सुखसंगेन बध्नाति ज्ञानसंगेन चानघ।।
रजोरागात्मकं विद्धि तृष्णासंगसमुरवम्।
तन्निबध्नाति कौन्तेय कर्मसंगेन देहिनम्।।
तमस्त्वज्ञानजं विद्धि मोहनं सर्वदेहिनाम्।
प्रमादालस्यनिद्राभिस्तन्निबध्नाति भारत।।
सत्वं सुखे संजयति रजः कर्मणि भारत।
ज्ञानमावृत्य तु तमः प्रमादे सञ्जयत्युत।।'

34. मनुस्मृति, 11/24, 'सत्वं रजस्तमश्चैव त्रीन्विद्यादात्मनो गुणान्।
यैर्व्याप्येमान्स्थितो भावान्महान्सर्वानशेषतः।।'

35. वही, 12/26, 'सत्वं ज्ञानं तमोऽज्ञानं रागद्वेषौ रजः स्मृतम्।
एतद्वयाप्ति दैंषां सर्वभूवाश्रितं वपुः।।'

36. वही, 12/27, 'यत्र यत्प्रीतिसंयुक्तं किंचिदात्मनि लक्षयेत्।
प्रशान्तमिव शुद्धाभं सत्वं तदुपधारयेत्।।'

37. गीता, 18/40, 'न तदस्ति पृथिव्यां वा दिवि दिवेषु मा पुनः।
सत्वं प्रकृतिजैर्मुक्तं यदेभिः स्यात्त्रिभिर्गुणैः।।'

38. महाभारत, 3/180/21, 'सत्यं दानं क्षमा शीलम् आनृशस्यं तपो घृणा।
दृश्यन्ते यत्र नागेन्द्र स ब्राह्मण इति स्मृतः।।'

39. वही, 3/180/24,

40. शुक्रनीतिसार, 1/75-76,

41. महाभारत, 12/188/10, 'न विशेषोऽस्ति वर्णानां सर्वं ब्रह्ममिदं जगत्।
ब्रह्मणा पूर्वसृष्टं हि कर्माभिवर्णतां गतम्।।'

42. वही, 12/188/1/2,

43. वही, 12/188/11, 'कामभोगाप्रियास्तीक्षणाः क्रोधनाः प्रियसाहसाः।
त्यक्तस्वधर्मा रक्तगांस्ते द्विजाः क्षत्रतां गताः।।'

44. वही, 12/188/12, 'गोप्यो वृत्ति समास्थाय पीताः कृष्युपजीविनः।
स्वधर्मान्नतानुतिष्ठन्ति ते द्विजाः वैश्यतं गतः।।'

45. महाभारत, 12/188/13, 'हिंसानृतप्रिया लुब्धाः सर्वकर्मोपजीविनः।
कृष्णाः शौचपरिभ्रष्टाः ते द्विजाः शूद्रतां गतः।।'

46. यजुर्वेद, 30/5, 'ब्राह्मणे ब्राह्मणं क्षत्राय राजन्यं।
मरूद्भ्यो वैश्यं तपसे शूद्रम्।।'

47. भागवतपुराण,9/2/2-9,23, 'नाभागो दिष्टपुत्रोऽन्यः कर्मणा वैश्यतां गतः।।'

48. छान्दोग्योपनिषद, 5/10/7, 'तद्य वह रमणीयचरणा अभ्याशे ह यत्ते रमणीयां योनिमा पद्येरन्ब्राह्मणयोनिं वा क्षत्रिय योनिं वा वैश्ययोनिं वाथ या इह कपूय चरणा अभ्याशो ह यत्ते कपूयां योनिमाद्येञ्श्च्वायोनिं वा सूकरयोनिं वा चाण्डाल योनिं वा।'

49. ब्रह्माण्डपुराण, 2/7/133, वायुपराण 8/140-141,
'ब्राह्मणाः क्षत्रियाः वैश्याः शूद्रा द्रोहिजनास्तथा।
भाविताः पूर्वजातीषु कर्मभिश्च शुभाशुभैः।।'

50. महाभारत, 3/198/20-22, 31-32, 3/205/14-20,

51. मुण्डकोपनिषद्, 1/1/8, कर्मसु चामृतम्,

52. वही, 3/1/4, क्रियावानेषु ब्रह्मविद्यां वरिष्ठः।।

53. ईशोपनिषद्, 9/11, 'विद्यां चा विद्यां च यस्तद्वेदांभयं सह।
अविद्या मृत्युं तीर्त्वा विद्ययामृतमश्नुते।।'

54. वृहदारण्यकोपनिषद्, 3/2/13, पुण्यो वै पुण्येन कर्मणा भवति पापः पापेन।।

55. गीता, 18/45, स्वे-स्वे कर्मण्यभिरतः संसिद्धिं लभते नरः।।

56. रामायण, 3/313/111,

57. गीता, 18/45, सहजं कर्म कौन्तेय सदोषमपि न त्यजेत,

58. आपस्तम्बधर्मसूत्र, 2/2/3, 2/11/10-11,

59. मनुस्मृति, 10/97, परधर्मेण जीवन ही सद्यः पतति जातितः,

60. याज्ञवल्क्यस्मृति, 1/361,

61. आपस्तम्बधर्मसूत्र, 1/1/1/5, 'चत्वारो वर्णा ब्राह्मण क्षत्रिय वैश्य शूद्राः।
तेषां पूर्यः पूर्वो जन्मतः श्रेयान्।।'

62. महाभारत, 7/5/22-27,

63. महाभारत, 10/3/31,

64. रामायण, 56/23,

65. महाभारत, 1/187/23, नाहं वरयामि सूतम्,

66. हिन्दू सभ्यता, डॉ. राधाकुमुद मुखर्जी, पृ. 45

67. हिन्दुस्तान की पुरानी सभ्यता, डॉ. बेनी प्रसाद, पृ. 68

68. बृहदारण्यकोपनिषद् 1/4/11/5,

69. छान्दोग्योपनिषद्, 5/10/7,

70. आपस्तम्ब धर्मसूत्र, 2/1/2/8-9, वशिष्ठ धर्मसूत्र 23/23, विष्णु धर्मसूत्र 22/66,

71. आश्वलायन गृह्यसूत्र 1/16/5-7,

72. महाभारत, 1/28/3-4, 'अग्निरर्को विषं शस्त्रं विप्रो भवति कोपितः।
गुरूर्हि सर्वभूतानां ब्राह्मणः परिकीर्तितः।।'

73. ऋग्वेद, 4/50/8,

73. शतपथ ब्राह्मण, 5/4/4/15,

74. तैत्तिरीय संहिता, 1/7/31

75. आपस्तम्बधर्मसूत्र, 1/1/1/5

77. विष्णुधर्मसूत्र, 32/17

78. महाभारत, 1/303/16, 'ब्राह्मणो हि पर तेजो, ब्राह्मणो हि परं तपः।
ब्राह्मणानां नमस्कारै सूर्यो दिवि विराजते।।'

79. मनुस्मृति, 10/4

80. पाराशरस्मृति, 6/52-53, 'व्रतच्छिद्रं तपश्छिद्रं यच्छिद्रं यज्ञकर्मणिं।
सर्वे भवति निश्छिद्रं ब्राह्मणैरूपपादितम्।।
ब्राह्मणा यानि भाषन्ते तानि देवताः।
सर्वदेवमया विप्रा न तद्वचनमन्यथा।।'

81. गीता, 18/42, 'शमो दमस्तपः शौचं शान्तिरार्जवमेवच।
ज्ञानं विज्ञानमास्तिक्यं ब्रह्मकर्म स्वभावजम्।।'

82. महाभारत, 12/189/2-3

83. अर्थशास्त्र, 3/5, स्वधर्मो ब्राह्मणस्याध्ययनाध्यापनं यजनं याजनं दानं प्रतिग्रहश्चेति।

84. महाभाष्य, 4/1/48, 5/1/125,

85. मनुस्मृति, 1/88, 'अध्ययन अध्यापनं यजनं याजनं तथा।
दानं प्रतिग्रहश्चैव ब्राह्मणानामकल्पयत्।।

86. भविष्यपुराण, 1/248, 'श्रुतिः स्मृतिश्च विप्राणां नयने दवे विनिमिते।
एकेन विकलः काणोद्वाभ्यामधं प्रकीर्तितः।।'

87. शुक्रनीतिसार, 1/40, 'ज्ञान कर्मोपासनाभि दैवताराधने रतः।
शान्तो दान्तो दयालुश्च ब्राह्मणश्च गुणै कृतः।।'

88. महाभारत, 13/61/19

89. मनुस्मृति, 4/186

90. याज्ञवल्क्यस्मृति, 1/128

91. वसिष्ठधर्मसूत्र, 1/39/41

92. बौधायनधर्मसूत्र, 2/2/2/83

93. गौतमधर्मसूत्र, 10/1-2

94. वसिष्ठधर्मसूत्र, 1/44-46, 'अकरः श्रौत्रिय।'

95. गौतम धर्मसूत्र, 8/5, 11/5-9, 'यत्तुषड्भि परिहार्योराजा बध्यश्चावन्ध्यश्चादण्ड्यश्चा-
बहिष्कार्यश्चापरिवाद्यश्चापरिहार्यश्चेति।'

96. वही, 7/6-7, 'क्षत्रियस्य वैश्यवृत्युपजीवनं।'

97. महाभारत, 12/294/3, 'क्षत्रधर्मा वैश्यधर्मा नाबृतिः पतति वै द्विजः।'

98. वसिष्ठधर्मसूत्र, 2/22

99. याज्ञवल्क्यस्मृति, 2/35,

100. मनुस्मृति, 10/81-82

101. अष्टाध्यायी, 5/2/71

102. बौधायनधर्मसूत्र, 2/2/80, 'गुवार्थे ब्राह्मणार्थे वा वर्णनामपि संकरे।
गृहीतायां विप्रविशौ शस्त्रं धर्मत्यपेक्षया।।'

103. महाभारत, 7/160/38, 'यो हि ब्राह्मण्यमुत्सृज्य क्षात्रधर्मरता द्विजः सवध्यः सर्वलाकस्य।'

104. मनुस्मृति, 4/5
105. गौतम, 7/8-14,15, आपस्तम्ब, 1/7/20/12-13, बौधायन, 2/1/77-78
106. महाभारत, 12/283/2
107. ऋग्वेद, 10/90/12, 'बाहु राजन्यः कृत।'
108. ऋग्वेद, 8/35/16-18, 1/157/2
109. अथर्ववेद, 19/11/1, 19/13/2-4, 11
110. बौधायमधर्मसूत्र, 1/10/2-5, आपस्तम्ब धर्मसूत्र, 2/5/10/5-8
111. रामायण, 2/106/19, 'एषहि प्रथमो धर्मः क्षत्रियस्याभिषेचनम्।
चेन शक्यं महाप्राज्ञ प्रजानां परिपालनम्।।'
112. महाभारत, 12/60/13-20, 12/69/29
113. गीता, 18/43, 'शौर्य तेजो घृतिर्दाक्ष्यं युद्धे चाप्यपलायनम्।
दानमीश्वर भावश्य क्षत्र कर्म स्वभावनम्।।'
114. श्रीमद्भागवत्, 2/11/17/45-46
115. महाभारत, 12/22/12, 12/121/5-7, 1/105/2-25
116. मनुस्मृति, 7/96, 'रथाश्वं हस्तिनं छत्रं धनं धान्यं पशून्स्त्रियः।
सर्वद्रव्याणि कुप्यं च यो यज्जयति तस्य तत्।।'
117. गौतमधर्मसूत्र, 23/6-7
118. मनुस्मृति, 8/267, 'शतं ब्राह्मणमाक्रुश्य क्षत्रियो दण्डमर्हति।
वैश्योऽप्यर्धशतं द्वै ता शूद्रस्तु वधमर्हति।।'
119. गौतम धर्मसूत्र, 7/26, 'प्राणसंशये राजन्यो वैश्यकर्माऽऽददीत्।'
120. बौधायनधर्मसूत्र, 1/5/93-94, 2/2/77
121. जातक, 4/84, 5/390
122. मनुस्मृति, 10/83, 'वैश्यवृत्यापि जीवंस्तु ब्राह्मण क्षत्रियोऽपि वा।
हिंसाप्रायां पराधीनां कृषिं यत्नेन वर्जयेत्।।'
123. वही, 10/86, 88-92
124. याज्ञवल्क्यस्मृति, 3/35, 41

125. महाभारत, 12/60/13-14, 12/128/29

126. मनुस्मृति, 10/95

127. ऋग्वेद, 10/90/12

128. अथर्ववेद, 19/31/1, 'पशूनां सर्वेषां स्फातिं गोष्ठे मे सविता करत्।'

129. तैत्तिरीय संहिता, 7/11/7

130. बौधायन धर्मसूत्र, 1/10-14,

131. गौतमधर्मसूत्र, 10/1-3, 'द्विजातिनामध्ययनमिज्या दानम्।'

132. महाभारत, 12/183/6, 12/60/21-28

133. वही, 6/42/44, 12/60/21,

134. मनुस्मृति, 1/90, 'पशूनां रक्षणं दानमिज्याध्ययनमेव च।
वण्क्पथं कुसीदं च वैश्यस्य कृषिमेव च।।'

135. याज्ञवल्क्यस्मृति, 1/118-19

136. विष्णु पुराण, 3/8/30, 'पशुपाल्यं च वाणिज्यं कृषिं च मनुजेश्वर।
वैश्याय जीविका ब्रह्मा ददौ लोकपितामहः।।'

137. पाराशर स्मृति, 1/66

138. शुक्रनीतिसार, चतुर्थ अध्याय राष्ट्र प्रकरण, श्लोक 17

139. गौतमधर्मसूत्र, 21/6-10, 'शतं क्षत्रियो ब्राह्मणाकोशे अध्यर्थ वैश्यः।
ब्राह्मणस्तु क्षत्रियो पञ्चाशत्, तद्धर्म वैश्यः।।'

140. महाभारत, 12/78/18

141. बौधायनधर्मसूत्र, 2/2/80, 'गवार्थे ब्राह्मणार्थे वा वर्णानां वापि संकरे।
गृह्णीयातां विप्रविशौ शस्त्रधर्मव्यपेक्षया।।'

142. महाभारत, 12/78/12

143. मनुस्मृति, 10/7, 7/78

144. एपिग्राफिया इण्डिका, 1/175, 177, 11/42, 21/48

145. पाण्डुरंग वामन काणे- धर्मशास्त्रों का इतिहास, भाग 1, पृष्ठ 122

146. रामशरण शर्मा, शूद्रों का प्राचीन इतिहास, पृष्ठ 30-31

147. ऋग्वेद, 10/90/12, 'पद्भ्यांन्शूद्रो अऽजायत।'

148. वही, 8/46/32,

149. ऐतरेय ब्राह्मण, 35/3

150. सैक्रेड बुक ऑफ दि ईस्ट, 14/446

151. आपस्तम्बधर्मसूत्र, 1/1/1-7, 'शुश्रुषा शूद्रस्येतरेषां त्रर्णानाम्।
पूर्वस्मिन पूर्वास्मिन्वर्णे निःश्रेयस भूयः।।'

152. गौतमधर्मसूत्र, 10/57

153. वही, 10/64-65, 'तेन च शूद्रेवोत्तरे वृतिक्षीणो भर्तव्यः शिल्पादिभिः।
अस्य शूद्रस्य निचयोऽर्थसंचयस्तदर्थः स्यातस्योतरस्य
पोषणार्थः स्यात्।।'

154. बौधायनधर्मसूत्र, 1210/19/1-6, आपस्तम्बधर्मसूत्र, 1/9/25/13

155. महाभारत, 4/50/6, 5/40/28, 5/132/30, 12/16/28

156. ञ्ळभ्, 12/60/31,

157. अर्थशास्त्र, 1/3,

158. मनुस्मृति, 1/91, 'एकमेव तु शूद्रस्य प्रभुः कर्म समादिशत्।
एतेषामेव वर्णानां शुश्रुषामानसूयया।।

159. वही, 10/125, 'उच्छिष्टमन्नं दातव्य जीर्णानि वसवानि च।
पुलाकाश्चैव धान्यायां जीणाश्चैव परिच्छदाः।।'

160. याज्ञवल्क्य स्मृति, 1/20

161. रामशरण शर्मा, शूद्रों का प्राचीन इतिहास, पृष्ठ 230

162. शंखस्मृति, 1/5, बृहस्पति, संस्कार प्रकाश, श्लोक 530, 'विक्रयः सर्वपण्यानां शूद्रधर्मउदाहृतः।

163. वृद्धहारीत, 7/179, 182, 'कृषिस्तु सर्ववर्णानां सामान्यो धर्म उच्यते।
कृषिर्भृतिः पशुपाल्यं सर्वेषां न निषिध्यते।।

164. मुखर्जी, एंशियेन्ट इण्डियन एजूकेशन, पृष्ठ 52,

165. पञ्चविंश ब्राह्मण, 14/6/6

166. छान्दोग्योपनिषद्, 5/1/1-8, 5/3/1-4

167. महाभारत, 13/53/13-19

168. विष्णु पुराण, 4/24/20-21

169. रामायण, 2/52/72, 2/84/1,

170. महाभारत, 2/24/15

171. वही 7, 12/294/4, 'वाणिज्यं पशुपाल्यं च तथा शिल्पोपजीवनम्।
शूद्रस्यापि विधीयन्ते यदा वृत्तिर्नजायते।।'

172. मनुस्मृति, 10/99-100

173. रामशरण शर्मा, शूद्रों का प्राचीन इतिहास, पृष्ठ 155

174. याज्ञवल्क्य स्मृति, 1/120

175. नारद स्मृति, ऋणादान, 58,

176. मार्कण्डेय पुराण, 28/3-8

177. देवल मिताक्षरा, 1/120, 'शूद्रधर्मौद्विजाति शुश्रूषा पापवर्जनं कलत्रादिपोषणं कर्षणपशुपालन भारोद्वहन- पण्यव्यवहार-चित्रकर्म-नृत्य-गीत-वेणू-वीणामुरजमृदंगवादनादीनि।'

178. पाराशर स्मृति, 1/65

179. अष्टाध्यायी, 2/4/10, 'यैर्भुक्ते पात्रं संस्कारेण शुद्धयति तेऽनिरवासिताः।
यैर्भुक्ते पात्रं संस्कोरेणापि न शुद्धयति ते निवासिताः।।'

180. याज्ञवल्क्यस्मृति, 1/166

❖ ❖ ❖

तृतीय अध्याय

ऋग्वेद में ब्राह्मण

ब्राह्मण शब्द की निष्पत्ति ब्रह्म शब्द के साथ तद्धितार्थक 'अण्' ङ्क्त्यय के संयोग से हुई है। ऋग्वेद में ब्राह्मण शब्द का प्रयोग कई बार हुआ है।[1] यहाँ महत्वपूर्ण यह है, कि इस शब्द का प्रयोग कहीं भी जाति वाचक नहीं हुआ है। अपितु एक ऐसे समुदाय के रूप में हुआ है जिसका महती उत्तरदायित्व अध्ययन एवं अध्यापन से सम्बन्धित था। स्पष्ट है, कि ऋग्वेद में ब्राह्मणों को एक वर्ग अथवा समूह के रूप में दर्शाया गया है। अनेक स्थलों पर ब्रह्मपुत्र शब्द का भी व्यवहार मिलता है, जिससे आनुवंशिकता झलकती है। इसके साथ ही इससें ऋत्विज का भी अर्थ स्पष्ट होता है। ब्रह्म का साधारण अर्थ प्रार्थना अथवा मन्त्र है, जो आध्यात्मिक शक्ति का प्रतीक है।[2] एक स्थान पर उल्लेखनीय है कि विश्वामित्र का यह 'ब्रह्म' भारत के जन समुदाय की रक्षा करता है।[3] अग्नि देवता की प्रार्थना करते हुए यह कहा गया है, कि तुम अपनी ज्वाला से हमारे ब्रह्म और यज्ञ का वर्धन करो।[4] स्पष्ट है, कि यज्ञ मंत्र प्रार्थना आदि कार्यों में संलग्न वर्ग ब्राह्मण के अन्तर्गत स्वीकार किया गया। उसे सोमपान करने वाला तथा वार्षिक यज्ञ में मंत्र-पाठ करने वाला माना गया है।[5] वह विद्वान, मनीषी, वाक्परमिता आदि भी स्वीकार किया गया है।[6]

तत्कालीन समाज में कर्म का आधार अधिक व्यवहारिक था। ब्राह्मण किसी भी पेशे को अपना सकता था। अपनी इच्छानुसार किसी भी कर्म का अनुसरण कर सकता था। ऋग्वेद में ऐसे अनेक उदाहरण सहज ही दृष्टव्य है। एक स्थान पर ब्राह्मण ऋषि कहता है, "मैं कारू (मंत्र-निर्माता) हूँ, मेरे पिता भिषक (वैद्य) और मेरी माता उपल-प्रक्षिणी (पत्थर की चक्की से अनाज पीसने वाली) हैं। अपने विभिन्न मत होते हुए हम सब यह अनुसरण करते हैं।[7] स्पष्ट है, कि ऋग्वैदिक समाज में कर्म

महत्वपूर्ण था ना कि जन्म। कर्म से ही कोई ब्राह्मण अथवा अब्राह्मण हो सकता है। वसिष्ठ ब्राह्मण थे,[8] किन्तु उनके माता-पिता अब्राह्मण। माँ उर्वशी अपसरा थीं और पिता मित्रा-वरुण।[9] ब्राह्मण ऋषि भृगु रथ-निर्माण -कला में भी निपुण थे।[10] किन्तु समाज में उनकी प्रतिष्ठा याज्ञिक कर्म, तपश्चर्या और विद्वत्ता से ही थी।

ऋग्वेद के पुरुष सूक्त में प्रथम बार ब्राह्मण शब्द का प्रयोग किया गया है।[11] जिसमें कहा गया है, कि विराट पुरुष के मुख से ब्राह्मण की उत्पत्ति हुई है। इसी को दृष्टिगत करते हुए ब्राह्मण को समाज शरीर का मुख कहा गया है। यहाँ गौरतलब यह है, कि समाज रूपी पुरुष के मुख से केवल भोजन करने वाले मुँह का तात्पर्य नहीं है, किन्तु उसमें मस्तिष्क का विशेष रूप से समावेश होता है। मनुष्य के शरीर में मस्तिष्क ही सबसे ऊँचा एवं अत्यन्त आवश्यक अंग है, जिसकी अनुपस्थिति में मनुष्य मृतवत् ही समझा जाता है। जिस प्रकार मनुष्य का मस्तिष्क उसकी सब क्रियाओं का संचालन करता है तथा उदात्त भावनाओं एवं विचारों को प्रेरित कर उसे सन्मार्ग पर अग्रसर करता है, उसी प्रकार समाज का मस्तिष्क भी है, जो मनुष्य के लिए अत्यन्त आवश्यक है, तथा उसकी अच्छी स्थिती बनाए रखना मनुष्य मात्र के लिए बेहद वांछनीय भी है।

समाज के मस्तिष्क वे कुछ व्यक्ति कहलाते है जो परमात्मा प्रदत्त समस्त शक्तियों का सम्यक् विकास कर अपने मस्तिष्क से उदात्त एवं सुन्दर विचार उत्पन्न करते हैं तथा अपने अनुभव एवं ज्ञान के द्वारा अच्छी-अच्छी योजनाएँ एवं जीवन चर्चायें उपस्थित करते हैं, जिनको अपनाने से समाज सन्मार्ग में प्रवृत्त होकर अपने उद्दिष्ट तक पहुँच पाता है। ऋग्वेद में इन्हें ही ब्राह्मण कहा गया है, क्योंकि इनका जीवन ब्रह्म-प्राप्ति या सत्य की खोज में ही व्यतीत होता था। इन्हें ही समाज शरीर का मस्तिष्क या मुख कहा गया है। समाज जो कुछ भी विचार उत्पन्न करता था जो कुछ भी बोलता था ब्राह्मणों के द्वारा ही बोलता था। ब्राह्मण आजीवन समाज-सेवा, ज्ञानोपार्जन, ज्ञानवितरण आदि पवित्र कार्यो में लगे रहते थे। सांसारिक वैभव की इन्हें यत्किञ्चित भी चिन्ता नहीं थी। वेदाभ्यास तपश्चर्या, योग-साधना में ही इनका जीवन व्यतीत होता था। स्पष्ट है कि वैदिक युग में वर्ण-व्यवस्था पूर्णत: विकसित हो चुकि थी। कुछ विद्वान जैसे मैक्समूलर, मेकडॉनेल आदि इसका खण्डन करते है। हालाँकि पुरुष सूक्त की उत्पत्ति के बावजूद भी वे इसे क्षेपक बताकर वैदिक समाज में वर्ण-व्यवस्था की उपस्थिति को अस्वीकारते हैं।

ऋग्वैदिक समाज के चार विभागों में सर्वश्रेष्ठ आसीन थे-ब्राह्मण। यह सत्य है कि ब्राह्मण शब्द का उल्लेख बहुत कम बार हुआ है, तथापि "ब्रह्मन्" शब्द ब्राह्मण के अर्थ में ही असंख्य बार उल्लिखित है।[12] ऋग्वेद में आता है, कि जो राजा ब्रह्मन् को उच्च स्थान देकर उसका आदर करता है, वह शान्ति एवं आनन्द से रहता है, उसे धन धान्य की कमी नहीं रहती तथा जनता उसका स्वतः ही नमन करती है।[13] जो राजा ब्रह्मन् को सहायता प्रदान करता है उसे देवता रक्षित करते हैं। एक अन्य स्थान पर ब्रह्मन् को धन वितरित किए जाने का उल्लेख है।[14] इसके अतिरिक्त भी ब्रह्मन् शब्द यत्र-मत्र उल्लिखित मिलता है।[15] साथ ही साथ ब्राह्मण शब्द भी ऋग्वेद में यहाँ-वहाँ स्पष्टतः दृष्टव्य है। ब्राह्मणों के मैत्री भाव से यज्ञ करने का भी उल्लेख है।[16] स्पष्ट है, कि समाज में ब्राह्मणों का बहुत आदर था और वे अपनी ईश्वरीय आराधना, आध्यात्मिक विकास आदि के कारण समाज में पूजनीय माने जाते थे। राजा भी उनका आदर करते थे। ब्राह्मण ऐहिक ऐश्वर्य से दूर रहकर समाज सेवा एवं सांस्कृतिक विकास में अपना योगदान देते थे। ब्राह्मण अपने ज्ञान-विज्ञान एवं उच्च शिक्षा से समाज के तीनों वर्णों को उन्नत करने में कृत प्रयत्न रहता था। त्यागमय जीवन, आचार की शुद्धता, नैतिक आदर्श आदि गुण ब्राह्मणों को समाज में महत्वपूर्ण स्थान प्रदान करवाते थे।

ब्राह्मणों को अपना कार्य फलाकांक्षा रहित होकर समाज के कल्याण के लिए सम्पादित करना होता था। लोभ-मोह से इनको विरत रहने का निर्देश था। जो ब्राह्मण धन के लोभ से किसी यज्ञ में अपने आपको समर्पित करता था, उसको समाज में उच्छिष्ट भोजन के समान त्याज्य समझा जाता था।[17] ब्राह्मण से यह उपेक्षा रहती थी कि वह अपने ज्ञान की गरिमा और तपोमय जीवन साधना द्वारा सदाशयता से युक्त रहता हुआ समाज के कल्याण में प्रवृत्त रहे। यदि कोई ब्राह्मण अपनी ज्ञानशक्ति का दुरूपयोग करता था, यज्ञकर्ता यजमान को भयभीत करता था कि यदि उसको यज्ञ में पौरोहित्य कर्म के लिए नियुक्त नहीं किया गया तो वह यज्ञ में विघ्न उत्पन्न करेगा, उसके यज्ञ में पौरोहित्य कर्म का सम्पादन करता था, तो समाज उससे वमनभक्षण के समान घृणा करने लगता था।[18] साथ ही साथ ब्राह्मण से यह अपेक्षा भी की जाती थी कि वह विधिक तात्विक रहस्यों के गूढ़ार्थ का ज्ञाता हो। इहलौकिक और पारलौकिक रहस्यों के ज्ञान में अग्नि, वायु आदित्य, पृथ्वी, अन्तरिक्ष और द्युलोक के विषय में उसे पूर्ण जानकारी है।[19] अपने चारित्रिक गुणों के कारण समाज में प्रतिष्ठा युक्त हो।

प्रतिष्ठाविहीन ब्राह्मण को पौरोहित्य कर्म में त्याज्य एवं वमन के समान घृणित समझा जाता था।[20] अतः अप्रतिष्ठित ब्राह्मण के लिए निर्देश है, कि वह निर्जन वन में जाकर चतुर्होत्री मन्त्रों का पाठ करे।[21]

विविध तात्विक रहस्यों के ज्ञान के साथ वह त्रयीविद्या "ऋक्" "यजु" और "साम" का विशेषज्ञ हो।[22] ब्राह्मण की प्रतिष्ठा सम्पत्ति अर्जन से नही ज्ञानार्जन के कारण थी। जो ब्राह्मण सभा में सर्वाधिक ज्ञानवान् होता था, वही श्रेष्ठ माना जाता था। ब्राह्मण सोमपान इसलिए करते थे, कि वह उनको सभा में विजय प्राप्त करवाता था। कर्मकाण्ड में क्रियमाण विविध क्रियाओं में ज्ञान पक्ष को विशेष महत्व दिया गया है। अनेकशः इस तथ्य का प्रतिपादन है, कि जो ज्ञानपूर्वक क्रिया करता है वह आयु, प्रजा, पशु, धन, यश, स्वर्ग आदि इहलौकिक एवं परलौकिक विविध सुखोपभोग की सामग्री का अर्जन करता है और सब प्रकार के शत्रुओं को जीतकर प्रतिष्ठा प्राप्त करता है।[23]

यज्ञीय प्रक्रियाओं में उच्चारण की शुद्धता ब्राह्मण की प्रतिष्ठा का हेतु थी। इसके अभाव में वे अपमानित हो सकते थे। श्यापर्णों को राजा विश्वन्तर और काश्यपों को राजा जनमेजय के यज्ञ में उच्चारण की अशुद्धता के कारण अपमानित किया गया था।[24] उच्चारण में शुद्धता सीखने के लिए ब्राह्मण उत्तर दिशा की ओर जाते थे इसी कारण वहाँ से आए ब्राह्मणों को यज्ञीय कर्मकाण्डों के लिए अधिक प्रमाणिक माना जाता था।[25] ब्राह्मणों के चरित्र एवं स्वरूप को प्रकट करने के लिए प्रायः चार विशेषण प्रयोग किए जाते थे– आदायी अर्थात् दान ग्रहण करने वाला, आपायी अर्थात् ऋत्विक रूप में सोमपान करने वाला अवसायी अर्थात् भोजन की याचना तथा विद्या बल से तात्विक रहस्यों का निश्चय करने वाला, तथा यथाकामप्रयाययी अर्थात् किसी की व्यक्ति द्वारा स्वेच्छा से निष्कासित किया जाने वाला।

सायण तथा वैदिक इण्डैक्स भी इसी और इशारा करते है। वैदिक इण्डैक्स कहता है, कि ऐतरेय ब्राह्मण में ब्राह्मणों को आदायी समर्पित पदार्थों का पान करने वाला (आपायी) बताया गया है। इसके अतिरिक्त अवसायी अर्थात् सर्वत्र निवास करने वाला तथा स्वेच्छा से भ्रमण करने वाला (यथाकाम-प्रयाप्य) कहा गया है।

ब्राह्मण आजीविका के लिए दक्षिणा पर निर्भर होता था। किन्तु यह अनुग्रह नही अपितु अनिवार्य होती थी क्योंकि दक्षिणा ना देने पर यजमान को यज्ञ का फल प्राप्त नहीं होता था।

ऐसे में क्रुद्ध ब्राह्मण यजमान का अनिष्ट भी कर सकता। एक कथा इस सन्दर्भ में देखी जा सकती है। ऐतरेय ब्राह्मण के इस दृष्टान्त के अनुसार वसिष्ठ गोत्र के ऋषि सत्यहव्य के पुत्र ने अत्यारति नामक व्यक्ति को राज्याभिषेक का उपदेश देकर उसे पृथ्वी का राजा बनाया। किन्तु राज्य प्राप्ति के बाद ब्राह्मण द्वारा दक्षिणा मांगे जाने के बाद भी अत्यारति ने कुछ ना दिया। तब पुरोहित ने पुन: उसे निस्तेज कर दिया और राजा के निस्तेज हो जाने पर उसका वध कर दिया गया।[26]

स्पष्ट है, कि ऋग्वेद काल में ब्राह्मण किसी भी राजा का कृपापात्र अथवा उस पर निर्भर नही था अपितु इसके विपरीत वह राज्य एवं राजा का निर्माता होता था। अनेक ऐसे उदाहरण ऋग्वैदिक साहित्य में भरे पड़े हैं जिनसे पता चलता है, कि अनेक पुरोहितों ने अपने राजाओं को अश्वमेध, राजसूय आदि यज्ञों द्वारा सार्वभौम एकराष्ट्र शासक के पद पर अभिषिक्त करने में महत्वपूर्ण भूमिका का निर्वाह किया तथा इसके प्रत्युत्तर उनसे प्रभूत दान- दक्षिणा भी प्राप्त की जिनमें हाथी, स्वर्णाभूषण, बालाएँ, भूखण्ड सभी कुछ होता था।

ऋग्वैदिक साहित्य से पता चलता है, कि उस समय ब्राह्मणों का राजनीतिक महत्व बहुत बढ़ गया था। राजदरबारों में पुरोहित पद पर उनकी नियुक्ति की जाने लगी थी। ऐसी मान्यता प्रचलित हो गई थी, कि जिस राजा के दरबार में ब्राह्मण पुरोहित नहीं होगा, देवता भी उसका अन्न ग्रहण नहीं करेंगे।[27] वह ब्राह्मण, राजा की धार्मिक, राजनीतिक आदि सभी प्रकार की आवश्यकताओं में सहायक की भूमिका का निर्वाह करता था। जहाँ धार्मिक रूप से सभी प्रकार की यज्ञीय क्रियाओं का निष्पादन करवाता था वहीं दूसरी ओर प्रमुख राजनीतिक परमर्शदाता का महत्वपूर्ण उत्तरदायित्व भी का निर्वहन भी करता था।[28]

ब्राह्मण ही राजा की सुख-समृद्धि और उसको विभिन्न प्रकार की शासन प्रणालियों की प्राप्ति तथा पृथ्वी का एक मात्र एकराष्ट्र बनाने के लिए राजसूय, अवश्मेध और ऐन्द्रमहाभिषेक के समान राज्याभिषेक आदि कृत्यों के अनुष्ठान द्वारा सिंहासन के लिए अभिषिक्त करता था। अभिषेक के बाद राजा समस्त भूमण्डल को जीतकर "एकराष्ट्र" शासक हो सकता था।[29]

युद्धावसर पर पुरोहित ही राजा के अनिष्ट के परिहार हेतू विविध धार्मिक अनुष्ठान कराता था।[30] राजा द्वारा युद्ध में विजय हेतु प्रार्थना करने पर पुरोहित राजा

को विजय के उपाय बताता हुआ उसके रथ का स्पर्श करके "ऋग्वेद" की ऋचाओं का उच्चारण करता था।

राजा के पुरोहित के रूप में ब्राह्मण के महत्व को द्योतित करने के लिए उसको "वैश्वानर अग्नि" प्रतिपादित किया गया है। यह अपने अन्दर पाँच विघ्नकारक शक्तियों को रखता है। ये शक्तियाँ कल्याणकारी हैं। किन्तु यदि पुरोहित कुपित हो जाए तो यही शक्तियाँ अनिष्टकारी हो जाती हैं। ये पाँचों शक्तियाँ ब्राह्मण पुरोहित के शरीर के पाँच अंगों में विद्यमान होती हैं- वाक्, पैर, त्वचा, हृदय तथा उपस्थ इन्द्रियों में।[31]

इन शक्तियों के कारण पुरोहित उग्र अग्नियों के रूप में प्रदर्शित होता है। अग्नि के समान ही उसमें विग्रह और अनुग्रह की शक्ति रहती हैं। कुपित होने पर वह अपनी समस्त शक्तियों से राजा पर आक्रमण कर सकता है। परन्तु प्रसन्न हुआ पुरोहित राजा को आवृत्त करके इस प्रकार सुरक्षित रखता है, जैसे समुद्र भूमि को।[32] अतः निर्देश है, कि राजा ब्राह्मण पुरोहित के घर आने पर उसे हर प्रकार से प्रसन्न रखे।

जो राजा इस रहस्य को समझकर राष्ट्र-रक्षक ब्राह्मण पुरोहित की नियुक्ति करता है, उसका राष्ट्र सुरक्षित रहता है। उसकी अपमृत्यु कदापि नहीं होती तथा वह वृद्धावस्था पर्यन्त जीवित रहकर पूर्ण आयु प्राप्त करता है। उसकी प्रजा बिना किसी विरोध के उसकी आज्ञाओं को धारण करती है।[33]

इन शक्तियों के निरीक्षण से ज्ञात होता है, कि ये शक्तियाँ मानसिक और सामाजिक विन्लव उत्पन्न करने वाली है। वाक्-शक्ति से कुपित होने पर पुरोहित राजा को श्राप दे सकता था। उसके विरोध में जन सामान्य को खड़ा कर सकता था। समस्त राष्ट्र पुरोहित की वाणी में ही बोलता था। पैरों की विघ्नकारक शक्ति के द्वारा वह राष्ट्र के प्रमुख स्थलों की यात्रा करके जनता में हलचल पैदा कर सकता था। त्वचा में विद्यमान विद्युत शक्ति के स्पर्श से वह गुणों का आकर्षण कर सकता था। हृदय में उपस्थित शक्ति के द्वारा राजा के प्रति विरोधी भावना उत्पन्न करके वह उसके मार्ग में बाधा खड़ी कर सकता था। भावो के भी सूक्ष्म कण होते हैं। वे प्राणियों का इष्ट एवं अनिष्ट दोनों के करने में समर्थ हो सकते हैं। उपस्थ इन्द्रिय की अनिष्टकारक सन्धि से कुपित होकर ब्राह्मण भी असुरों को जन्म दें सकता था।

स्पष्ट है, कि ब्राह्मण राजनीतिक रूप से अत्याधिक महत्पूर्ण हो गया था। राजा का ब्राह्मण के वश में रहना राष्ट्र के लिए समृद्धि जनक और श्रेयस्कर समझा जाता था।[34] राज्याभिषेक के अवसर पर भी राजा तीन बार ब्राह्मण को श्रद्धा से नमन करता था।

राजनीतिक क्षेत्र के अतिरिक्त सामाजिक क्षेत्र में भी, ब्राह्मण का महत्व अत्याधिक था। शरीर में जो स्थान मुख का है वही समाज में ब्राह्मण का स्थान था। ब्राह्मण साहित्य में भी उन्हें दिव्य वर्ण युक्त[35] सभी देवों का निवास स्थान[36] और प्रत्यक्ष देव[37] जैसी महत्वपूर्ण उपाधियों से अलंकृत किया गया है। ऐतरेय ब्राह्मण में इन्हें क्षत्रिय से पवित्र और श्रेष्ठ माना गया है। ब्राह्मण द्वारा सम्पादित यज्ञ ही देवताओं को हवि पहुँचा सकत था।[38] पुरोहित को तो साक्षात यज्ञ-रूप ही माना गया है।[39]

सामाजिक जीवन में ब्राह्मण की श्रेष्ठ स्थिति का भान उसको प्राप्त विशेषाधिकारों से सहज ही हो जाता है। "कौषितकी ब्राह्मण" में स्पष्ट लिखा है, कि ब्राह्मण की निन्दा नहीं की जानी चाहिए।[40] ब्राह्मण को अपशब्द कहने पर दण्ड का विधान भी मिलता है। यज्ञावसर पर क्षत्रिय यजमान के यज्ञशेष भाग को केवल ब्राह्मण ही ग्रहण कर सकता था।[41] राजा के घर में भी स्वच्छन्दता पूर्वक प्रवेश करने का अधिकार मात्र ब्राह्मण को ही था।

हालाँकि ब्राह्मण ने सक्रिय राजनीति में भाग अवश्य लिया था, किन्तु इस समय तक राजसत्ता के प्रभाव से वे सर्वथा मुक्त रहा करते थे। इतना अवश्य था, कि राज्याभिषेक के समय ब्राह्मण, राजा से प्रतिज्ञा करवाता था, कि वह कभी भी ब्राह्मण से द्रोह नही करेगा, यदि कभी वह द्रोह करेगा तो ब्राह्मण सारा सुख-वैभव उससे छीन लेगा।[42] राज्यारोहण के अवसर पर ब्राह्मण ही यह घोषणा करता था, कि आज से समस्त प्राणियों का अधिपति यही व्यक्ति है तथा प्रजा से बलि लेकर उसका उपभोग और प्रजा की रक्षा करने वाला यही है।[43]

सन्दर्भ-सूची

1. ऋग्वेद, 1/164/45, 6/75/10, 7/103/7-8, 10/71/9
2. वही, 4/6/11, 6/52/2, 10/105/8
3. वही, 3/52/12, विश्वामित्रस्य रक्षति ब्रह्मेदं भारतं जनम्।

4. वही, 10/141/5, त्वं नो अग्ने प्रग्निं भिब्रह्मयज्ञं च वर्धय।
5. वही, 7/103/8, ब्राह्मणासः सोमिनो वाचमकत् ब्रह्म कृण्वन्तः परिवत्सरीणम्।
6. वही, 1/164/45, चत्वारि वाक् परिमिता पदानि तानी विदुः ब्राह्मण मनीषिणः।
7. वही, 9/112/3, कारूरहं ततो भिषगुपलप्रक्षिणी नना।
नानाधियो वसूयवोऽनु गा इव तस्थिम।।
8. वही, 7/33/11,
9. वही, 7/64/2, 8/25/8,
10. वही, 10/39/14, एतं वा स्तोममश्विनावकर्मा तक्षाम भृगवो न रथम्।
न्यमृक्षाम योषणा न मर्ये नित्यं सूनुं तनयं दधानाः।।
11. वही, 10/90/12, ब्राह्मणोऽस्य मुखमासीद् ....।
12. हिस्ट्री ऑफ संस्कृत लिट्रेचर- मैक्डॉनेल, पृ. 125
13. ऋग्वेद 4/50/8,9
14. वही, 10/85/29, ब्रह्मभ्यो विभजा वसु........।
15. वही, 8/31/1, 8/32/16, 8/35/16,
16. वही, 10/71/8-9,
17. ऐतरेय ब्राह्मण, 15/2,
18. वही,
19. वही, 40/4,
20. वही, 15/2,
21. वही, 24/4
22. कौषितकी ब्राह्मण, 6/11
23. वही, 6/15, सर्वं वै प्रजापतिः सर्वचातुर्मास्यानि सर्वेण सर्वमाप्नोति य एव वेदः।
24. ऐतरेय ब्राह्मण, 35/1, आपूतायै वाचो वदितारो यच्छयापर्ण इमानुत्थापयत।
25. कौषीतकी ब्राह्मण, 7/6
26. ऐतरेय ब्राह्मण, 39/9

27. ऐतरेय ब्राह्मण, 40/1, न वा अपुरोहितस्य देवा अन्नमदन्ति तस्मात् राजा यक्ष्यमाणो ब्राह्मणं पुरोदधीत देवा मे अन्नमदन्निति।
28. वही, 37/6
29. वही, 39/1
30. वही, 37/6
31. वही, 40/1,
32. वही, 40/2
33. वही, 40/2-3
34. वही, 37/5, तद्यत्र वै ब्राह्मणः क्षत्रं वशमेति तद्राष्ट् समृद्ध तद्वीरवदाह।
35. तैत्तिरीय ब्राह्मण, 1/2/6, दैव्यो वै वर्णो ब्राह्मणः।
36. तैत्तिरीय आरण्यक, 2/15
37. तैत्तिरीय संहिता, 1/7/3/1, ऐते वै देवा प्रत्यक्षं यद्ब्राह्मणः।
38. ऐतरेय ब्राह्मण, 15/11, यज्ञः सयुग्भूत्वा देवेभ्योहव्यं वहति ब्राह्मणेन च छन्दोभिश्च।
39. वही, 34/8, यज्ञ उ वा एष प्रत्यक्षं यद्ब्रह्म ब्रह्मणि हि सर्वो यज्ञः प्रतिष्ठितः।
40. कौषितकी ब्राह्मण, 6/4, ब्राह्मणमेव न परिवदेदिति।
41. ऐतरेय ब्राह्मण, 34/8
42. वही, 39/1
43. वही, 39/3

❖ ❖ ❖

चतुर्थ अध्याय

उत्तरवैदिक कालीन साहित्य में ब्राह्मण

वर्ण–व्यवस्था का सूत्रपात हांलाकि ऋग्वेद में होता है, किन्तु उसका स्वरूप उत्तर वैदिक काल में निखरा था। वस्तुतः चातुवर्ण की परिकल्पना का विकास इसी युग से प्रारम्भ होता है और यही इसके व्यवस्थास्थापन का समय भी था। ब्राह्मण, क्षत्रिय, वैश्य एवं शूद्र, का उल्लेख अथर्ववेद में होता है।[1] ऋग्वेद के पुरुष सूक्त के समान ही इस युग में भी चारों वर्णों को ब्रह्म के चारो अंगों से उत्पन्न माना गया है।[2] साथ ही साथ चारों वर्णों का स्पष्ट उल्लेख भी मिलता है।[3] यही वह समय था जब कि प्रत्येक वर्ण की पृथक पहचान के लिए भिन्न–भिन्न प्रकार के यज्ञोपवीत संस्कार की व्यवस्था गई थी। ब्राह्मण के लिए सूत का, क्षत्रिय के लिए सन का एवं वैश्य के लिए ऊन के यज्ञोपवीत धारण करने का सिद्धान्त उत्तर वैदिक साहित्य में मिलता है। साथ ही साथ उपनयन के लिए भिन्न–भिन्न ऋतुओं की व्यवस्था भी की गई। ब्राह्मण के लिए वसन्त में, क्षत्रिय के लिए ग्रीष्म में, वैश्य के लिए शीत में एवं रथकार के लिए वर्षाकाल में अग्निहोत्र करना श्रेयस्कर माना गया था।[4]

उत्तरवैदिक कालीन साहित्य के अध्ययन से ज्ञात होता है, कि इस काल में वर्ण–व्यवस्था अपने जटिलतम रूप में प्रकट होती है। ऐसे में ब्राह्मणों की सर्वोच्चता का होना स्वाभाविक ही था। इसकाल में ब्राह्मणों का महत्व और अधिक बढ़ गया था। समाज में ब्राह्मणों की स्थिति सर्वश्रेष्ठ हो चुकी थी।[5] ब्राह्मण का उल्लेख उत्तर वैदिक साहित्य में दिव्य वर्ण के रूप में मिलता है।[6] तैत्तिरीय ब्राह्मण में तो यहां तक कहा गया है, कि चूँकि समस्त देवता ब्राह्मण में ही निवास करते हैं अतः ब्राह्मण स्वयं भी देवता ही है।[7] उसकी सुविधाओं का ध्यान रखा जाता था। अथर्ववेद में कहा गया है, कि यदि ब्राह्मण को समाज में कोई कष्ट होता था तो जल में टूटी हुई

नाव जिस प्रकार नष्ट होती हैं वहां के राजा का राज्य भी इसी प्रकार विनष्ट हो जाता था।[8]

हालांकि यही वो समय भी था जब क्षत्रिय भी प्रथम स्थान पर आने का प्रयास कर रहे थे, किन्तु यह भी सत्य है, कि इसके बावजूद भी ब्राह्मणों को ही उत्कृष्ट घोषित किया गया है। वह अपने ज्ञान, धार्मिक कृत्यों और मन्त्रों के कारण प्रबल माना जाता रहा। ब्राह्मण प्रार्थनाओं एवं यज्ञों द्वारा राजाओं के सुरक्षित रहने की कामना करता था। ऐतरेय ब्राह्मण में यह उल्लिखित है, कि पुरोहित के बिना अर्पित की गई राजा की आहुतियों को देवता भी स्वीकार नहीं करते थे। राजसूय यज्ञ जैसे महत्वपूर्ण समारोहों की सम्पन्नता बिना ब्राह्मण की स्तुतिगान के सम्भव नहीं थी। ऐसा भी उल्लेख मिलता है, कि ब्राह्मण द्वारा प्रदत्त सत्ता से ही राजा शासन करता था।[9]

ब्राह्मण एवं क्षत्रिय दोनों वर्णों में सहयोग की भावना की कामना की गई है। स्पष्ट हैं कि कहीं ना कहीं वर्ग संघर्ष की भावना भी विद्यमान थी। वस्तुतः उत्तर वैदिक साहित्य में ब्राह्मण के लिए विभिन्न कार्यों की भी व्यवस्था की गई थी।[10] दान स्वीकार करने एवं वंश की शुद्धता को बनाए रखने के लिए भी निर्देश दिया गया है। सबके द्वारा अस्वीकार की गई वस्तु को ब्राह्मण द्वारा ग्रहण ना करने की बात कही गई।[11] इससे ब्राह्मणों द्वारा दान ग्रहण करने में असतर्कता की सम्भावना का तीव्र आभास मिलता है। दान ग्रहण करना एक ऐसा अधिकार था कि पंचविंश ब्राह्मण को इस बात की व्याख्या तक करनी पड़ी कि तरन्त और पुरूमीलह ऋग्वेद के एक सूत्र का निर्माण करके किस प्रकार दान ग्रहण करने के अधिकारी हो सके।[12] पुरोहितों को प्रदत्त दान की अतिर४िजत प्रशस्ति करने की प्रवृत्ति ने कुछ उपयोगी संख्यावाचक तालिकाओं को जन्म दिया। कुछ स्थलों पर कुछ उपहारों- अश्व अथवा भेड़ को वर्जित बताया गया है, किन्तु यह स्पष्ट है कि सामान्यतया इन नियमों का पालन नहीं किया जाता था।[13] ब्राह्मण की पवित्रता एवं शुद्धता इसी में थी कि वह अपने आचरण एवं कर्म को मनोनिवेश पूर्वक करता रहे।

ब्राह्मण की हत्या को जघन्य अपराध की श्रेणी में रखा गया था। यदि किसी से ब्रह्म हत्या जैसा अधमतम अपराध होता तो उसके लिए विभिन्न प्रायश्चितों की व्यवस्था की गई थी। ब्राह्मणों को विभिन्न प्रकार के विशेषाधिकार भी प्राप्त थे। मृत्युदण्ड से मुक्ति, याज्ञिक कर्म, पौराहित्य कर्म करना आदि उसके विशेष अधिकार

थे। शतपथ ब्राह्मण में ब्राह्मण को सभ्यता का प्रकारक माना गया है। वह अपने ज्ञान एवं आचरण से समाज के उत्थान में अद्वितीय योग प्रदान करता था।

ब्राह्मण के लिए अध्यापन एवं याज्ञिक कर्म को ही उसका कर्तव्य बताया गया है। उसका विकास ज्ञान एवं यज्ञ से ही सम्भव था। विद्यार्थी जीवन ब्राह्मण के लिए परमावश्यक माना गया है। सत्यकाम जाबाल की कथा इसी के सन्दर्भ में देखी जा सकती है।

इसके अनुसार सत्यकाम जाबाल ने आचार्य हारिद्रुमत गौतम के पास जाकर गुरुकुल में प्रवेश पाने की प्रार्थना की। इस पर गुरू ने उसके वंश के विषय में पूछा। जिसका उत्तर देते हुए सत्यकाम ने कहा कि उसे अपने गोत्र का ज्ञान नहीं, क्योंकि जब उसकी माँ परिचारिका वृत्ति में थी तभी उसका जन्म हुआ था। इस सत्योक्ति से गुरू ने प्रसन्न होकर उस अज्ञातपितृ सत्यकाम से कहा कि वह जाकर समिध लाए, क्योंकि सच्चे ब्राह्मण के अतिरिक्त कोई भी इतना सत्य नही बोल सकता। तदनन्तर गौतम ने उसको उपनीत करके अपना अन्तेवासी बना लिया।[14] यही सत्यकाम जाबाल आगे चलकर स्वयं एक प्रख्यात आचार्य बने। उस काल में गुरूकुल में अध्ययन के लिए मात्र ब्राह्मण को ही प्रवेश मिलता था। जब गुरु सन्तुष्ट होते थे तभी विद्यार्थी को प्रवेशार्थ अनुमति मिला करती थी। सत्य-कथन का भी महत्व था। गौतम भी सत्यकाम की सत्योक्ति पर ही प्रसन्न हो गए थे। इस कथा से यह अनुमान भी लगाया जा सकता है कि उस युग में मात्र ब्राह्मण से ही सत्य भाषण की अपेक्षा की जाती थी। वैसे ब्राह्मण के माता-पिता के सम्बन्ध में गुरु द्वारा पृच्छा किया जाना प्रायः आवश्यक नही था। संहिता ग्रन्थों में कहा गया है कि ब्राह्मण के माता-पिता के विषय में क्या पूछा जाए। श्रुति वेद ही उसके पिता और पितामह हैं।[15]

पौरोहित्य संभवतः वंशानुगत था। ब्रह्मपुत्र का अर्थ इसी सन्दर्भ में लिया जा सकता है। यद्यपि ब्रह्म बंधु का उल्लेख मात्र नाम के पुरेहित के लिए हुआ है। पुरोहिती का कार्य केवल ब्राह्मणों के लिए ही था, ऐसी बात नही क्योंकि ब्रह्मपुरोहित शब्द ही इस बात का प्रमाण हैं कि उस काल में कोई अब्राह्मण भी पुरोहित हुआ करते थे। विश्वामित्र, अनुश्रुति के अनुसार क्षत्रिय थे, किन्तु वे वसिष्ठ के प्रतिद्वन्द्वी होकर सुदास के पुरोहित थे। परन्तु उत्तर वैदिक काल में प्रायः ब्राह्मण ही पौराहित्य

कर सकते थे। राजा के लिए पुरोहित का रखना अनिवार्य था। ब्राह्मण ग्रन्थों में कहा गया कि बिना पुरोहित के राजा का अन्न देवता भी स्वीकार नही करते थे।

उत्तर वैदिक कालीन साहित्य में ब्राह्मण शब्द अधिकांशतः पुरोहित के आशय में प्रयुक्त होता है।[16] इसके साथ ही साथ ब्राह्मण की महत्ता भी बहुत बनी हुई थी। इस समय में भी द्युलोक में रहने वाले देवताओं की ही भाँति ब्राह्मण को पृथ्वी पर रहने वाले देवता कहा गया है।[17] उत्तरवैदिक कालीन वाङ्मय में ब्राह्मणों को बहुत अधिक विशेषाधिकार दिए गये थे हांलाकि इसके साथ ही उनके कर्तव्यों की भी विशद विवेचना की गई है। शतपथ ब्राह्मण में ब्राह्मणों के कुछ विशेषाधिकार बताए गए हैं यथा- दान, अर्चा, अज्येयता एवं अवध्यता आदि।[18] इसके साथ ही ब्राह्मणों के लिए कुछ कर्तव्यों की भी व्यवस्था उत्तर वैदिक कालीन साहित्य में की गई है, यथा- ब्राह्मण्य अर्थात् आनुवंशिक पवित्रता, प्रतिरूप, चर्या अर्थात् स्ववर्णगत् कर्तव्यों के प्रति निष्ठावान होना एवं लोक-पक्ति अर्थात् जन सामान्य को शिक्षित करके उन्हें पूर्णता प्रदान करवाना आदि।

आलोच्य साहित्य में ब्राह्मणों को प्राप्त प्रतिष्ठा सम्मान आदि करने वाली औपचारिकताओं के सम्बन्ध में प्रचूर मात्रा में उक्तियाँ उपलब्ध हैं।[19] ब्राह्मणों को शतपथ ब्राह्मण में 'भगवन्त्' शब्द से विभूषित किया गया है[20] तथा काठक संहिता में स्पष्टतः कहा गया है, कि ब्राह्मण जहां भी जाएँ श्रेष्ठ कोटि के भोजन एवं मनोरंजन से उनका सत्कार किया जाना चाहिए।[21] प॰चविंश ब्राह्मण की उक्ति तो ब्राह्मणों की आनुवंशिकता को ही पुष्ट करती दिखाई पड़ती है। इसके अनुसार ब्राह्मणों की जातिगत पवित्रता ही इनके वास्तविक ब्राह्मणत्व के सम्बन्ध में किसी प्रकार की शंका किए जाने से इन्हें मुक्त कर देती है।[22]

ब्राह्मण को साधारण राजशक्ति की सीमा से मुक्त माना जाता था। जब कोई राजा अपना समस्त भूभाग और उस पर स्थित समस्त सम्पत्ति पुरोहित को दान में देता था, तो भी शतपथ ब्राह्मण के अनुसार ऐसे दान के अन्तर्गत उस भूभाग में बसे ब्राह्मणों की सम्पत्ति सम्मिलित नहीं होती थी।[23] राजा सबको दण्ड दे सकता था, किन्तु ब्राह्मणों को नहीं[24] और वह निरापद रहकर एक अयोग्य पुरोहित के अतिरिक्त किसी भी अन्य ब्राह्मण को त्रस्त भी नही कर सकता था।[25] तैत्तिरीय संहिता में कहा गया है, कि ब्राह्मण और अब्राह्मण के मध्य किसी वैधानिक विवाद में मध्यस्थ को ब्राह्मण के पक्ष में ही अपना निर्णय देना चाहिए।[26]

ब्राह्मणों का उपयुक्त भोजन सोम[27] है, सुरा[28] अथवा परिस्त्रुत[29] नहीं, औंर इनके लिए मांस–भक्षण वर्जित है।[30] दूसरी ओर यज्ञ के उच्छिष्ट को खाने का अधिकार भी एकमात्र ब्राह्मण को ही था।[31] क्योंकि कोई भी अन्य व्यक्ति ऐसे पवित्र भोजन को ग्रहण करने के योग्य नहीं माना गया है जिसे देवताओं ने ग्रहण कर लिया हो। इसके अतिरिक्त यद्यपि वे चिकित्सक[32] नहीं होते थे, तथापि चिकित्सक के पास रहकर उसके चिकित्सा कार्य में सहायता दे सकते थे।[33] ब्राह्मणों की पत्नी[34] तथा गाएं[35] भी पवित्र मानी जाती थीं।

उत्तर वैदिक कालीन साहित्य में ब्राह्मणों की वैधानिक स्थिती भी बहुत श्रेष्ठ थी। तैत्तिरीय संहिता में ब्राह्मणों का अनादर करने पर एक सौ और ब्राह्मणों पर प्रहार करने पर एक सहस्त्र के दण्ड का विधान है, किन्तु ब्राह्मण का रक्त–पात कर देने पर दण्ड का स्वरूप आध्यात्मिक होता था।[36] शतपथ ब्राह्मण के अनुसार वास्तविक हत्या मात्र वही है, जिसमें ब्राह्मण का वध किया गया हो।[37] ग्रन्थों में ब्राह्मण की हत्या को किसी अन्य व्यक्ति की हत्या से बड़ा किन्तु भ्रूण हत्या से निम्न कोटि का अपराध स्वीकार किया गया है।[38] किसी ऐसे भ्रूण की हत्या को जिसका लिंग अनिश्चित हो, ब्राह्मण हत्या के समान अपराध बताया गया है।[39] ब्रह्म हत्या का प्रायश्चित मात्र अश्वमेध यज्ञ[40] द्वारा अथवा तैत्तिरीय आरण्यक के अनुसार एक अन्य अपेक्षाकृत छोटे संस्कार द्वारा किया जा सकता है।[41] बाद के संस्कारों में ब्राह्मण के सांस्कारिक वध की स्वीकृति[42] और शुनःशेप[43] की कौतूहलवर्धक कथा में इसका संकेत मिलता है। अपने दाता के साथ विश्वाघात करने पर पुरोहित को भी मृत्यु दण्ड दिया जा सकता था।[44]

उत्तर वैदिक कालीन साहित्य में ब्राह्मणों की आनुवंशिकता भी महत्वपूर्ण हो गई थी। शुद्ध आनुवंशिकता का महत्व स्पष्ट करते कई आख्यान तत्कालीन साहित्य में दिखाई पड़ते हैं। किसी ऋषि का वंशज (आर्षेय) होने पर बल दिया जाना इसी परिप्रेक्ष्य में दृष्ट्व्य है।[45] किन्तु वहीं दूसरी ओर एक अन्य ऐसे सिद्धान्त के चिन्ह भी मिलते हैं, जिसके अनुसार दैहिक आनुवंशिकता की अपेक्षा विद्वता को ही ऋषित्व का वास्तविक आधार माना गया है।[46] इसी के अनुकूल एक तथ्य यह भी है, कि सत्यकाम जाबाल को अज्ञान पैतृकता के विपरीत भी शिष्य के रूप में ग्रहण कर लिया गया था।[47]

शतपथ ब्राह्मण में भी शिष्य के रूप में स्वीकार करने के संस्कार में मात्र शिष्य का नाम जानना ही आवश्यक माना गया है ना कि पिता अथवा कुल का।[48] कात्यायन श्रौतसूत्र के भाष्य की यह उक्ति इस सन्दर्भ में देखी जा सकती है कि जो कोई स्तोम भागों (वसिष्ठों की एक विशेषता) का अध्ययन करता है वह एक वसिष्ठ ही है। वत्स ने स्वयं पर दासी-पुत्र होने के आक्षेप से स्वयं को अग्नि-परीक्षा द्वारा मुक्त किया था।[49] इसके अतिरिक्त, आनुवंशिकता सम्बन्धी सन्देह का निवारण करने के लिए एक अत्यन्त साधारण संस्कार ही पर्याप्त था।[50] ऐसी दशा में उन प्रवर सूचियों को अधिक महत्वपूर्ण समझा गया होना सन्दिग्ध ही है, जिनमें किसी यज्ञ के आरम्भ में होतृ और अध्वर्यु पुरोहितों द्वारा पुरोहितों के पूर्वजों का आह्वान किया गया है।[51] किन्तु फिर भी संस्कार के अनेक अंशों में दो या अधिक पीढ़ियों के ज्ञान की आवश्यकता होती थी[52] एवं एक संस्कार[53] में दस, ऐसे पूर्वजों की आवश्यकता पड़ती थी, जिन्होंने सोमपान किया हो, किन्तु संस्कार का अक्षरशः पालन न कर पाना क्षम्य था। इसके अतिरिक्त वसिष्ठों और विश्वामित्रों की पृथक् परम्पराओं में संस्कारीय विभेद के स्पष्ट चिन्ह सहज ही प्राप्त हैं।

उत्तर वैदिक वांग्मय का अध्ययन बताता है, कि ब्राह्मणों के लिए आचरण सम्बन्धी उत्कृष्टता का स्तर ऊँचा होना परम आवश्यक माना गया हैं।[54] शतपथ ब्राह्मण में ब्राह्मणों के आचरण के सन्दर्भ में स्पष्ट उक्तियाँ की गई हैं। इसके अनुसार ब्राह्मणों को सभी के प्रति दयालुता, सज्जनता प्रदर्शित करना, यज्ञ करना एवं दान ग्रहण करना चाहिए।[55] वाणी की पवित्रता पर भी शतपथ ब्राह्मण में विशेष बल दिया गया है।[56] विश्वन्तर द्वारा श्यापर्णों को अपने अनुचर वर्ण से वंचित रखने का कारण श्यापर्णों की अपवित्र वाणी ही थी। बृहदारण्यकोपनिषद् में स्पष्ट कहा गया है, कि ब्राह्मण के जीवन का उद्देश्य ज्ञानोपार्जन तथा भिक्षाटन ही होता है अन्य कुछ नहीं।[57] इसी में आगे कहा गया हैं, कि यदि कोई ब्राह्मण अपने कर्तव्यों का पालन नहीं करता है, तो उसका ब्रह्मणत्व मिथ्या है।[58] परन्तु यह भी सत्य है कि सूत्रों में कर्तव्य उल्लंघन सम्बन्धि प्रायाश्चितों का स्वरूप और उनकी प्रकृति अत्यन्त साधारण और अमहत्वपूर्ण हैं।[59]

आलोच्य काल के साहित्य में अनेक स्थानों पर कहा गया है, कि पुरोहित का उद्देश्य पवित्र ज्ञान (ब्रह्म-वर्चसम्) में प्रवीणता प्राप्त करना होता था।[60] इस प्रकार

की प्रवीणता केवल ब्राह्मण जाति तक ही सीमित नहीं थी अपितु इसके विपरीत राजा लोग भी इसे प्राप्त कर सकते थे, किन्तु वास्तव में इसे क्षत्रियों, के लिए विशेष रूप से उपयुक्त नही माना जाता था।[61] अनेक सांस्कारिक कृत्यों को ब्रह्मवर्चस की प्राप्ति में सहायक बताया गया है।[62] परन्तु अधिक महत्वपूर्ण तथ्य यह है, कि पवित्र ग्रन्थों के अध्ययन पर विशेष बल दिया गया है। इन पवित्र ग्रन्थों के अध्ययन के महत्व का अनेकशः उल्लेख है।[63]

अध्ययन का वास्तविक नाम स्वाध्याय है तथा शतपथ ब्राह्मण में स्वाध्याय के गुणों की विशेष रूप से चर्चा की गई है।[64] यह कहा गया है, कि एक विद्वान श्रोतिय को प्राप्त आन्नद श्रेष्ठतम सम्भव आनन्द के ही समान होता है।[65]

नाक मौद्रव्य के विचार से भी अध्ययन तथा अध्यापन सर्वश्रेष्ठ तप है।[66] इस प्रकार के ज्ञानार्जन का उद्देश्य ऋक्, यजुस् तथा सामन् सम्बन्धी त्रयी-विद्या में प्रवीणता प्राप्त करना होता था[67] तथा इसके साथ ही तीनों वेदों के विद्यार्थी को त्रि-शुक्रिय[68] अथवा त्रि-शुक[69] कहा गया है। अध्ययन के अन्य विषयों का शतपथ ब्राह्मण[70] तैत्तिरीय आरण्यक[71] तथा छान्दोग्योपनिषद्[72] इत्यादि में विशद् उल्लेख है। इसके अतिरिक्त अध्ययन के उचित समय का निर्देश सूत्र-ग्रन्थों अथवा तैत्तिरीय अरण्यक में है।[73] कहा गया है, कि यदि ग्राम की सीमा के भीतर अध्ययन करना हो उसे मनसा अर्थात् मन में तथा यदि अध्ययन सीमा से बाहर करना हो तो वाचा अर्थात् बोल कर करना चाहिए।

विद्वता की आशा ऐसे व्यक्तियों से भी की जाती थी जो सामान्यतया गुरु नहीं होते थे। उदाहरण के लिए शतपथ ब्राह्मण के चरकों तक को ज्ञान प्राप्त करने का सम्भव स्त्रोत माना गया है।[74] इसके साथ ही यहाँ ऐसे ब्राह्मणों का उल्लेख भी किया जा सकता है, जिन्होंने राजाओं से ज्ञान प्राप्त किया था। यद्यपि ऐसे राजाओं का सर्वथा महत्वपूर्ण होना सन्दिग्ध है, क्योंकि पुराहितों द्वारा अपने प्रतिपालकों कों अपनी पवित्र विद्या में अभिरूचि रखने वालों के रूप में व्यक्त करना सर्वथा स्वाभाविक ही है। अतः इस प्रकार के उल्लेखों में क्षत्रियों द्वारा वास्तविक तथा स्वतन्त्र अध्ययन का सन्दर्भ देखना बहुत आवश्यक नहीं। याज्ञवल्क्य ने जनक से,[75] उद्दालक आरुणि और दो अन्य ब्राह्मणों ने प्रवाहण जैवली से,[76] बालाकि गार्ग्य ने अजातशत्रु से[77] तथा अरुण के नेतृत्व में पांच ब्राह्मणों ने अश्वपति कैकेय से ज्ञान प्राप्त किया था।[78]

कतिपय उल्लेख ऐसे भी मिलते हैं, जहां ब्रह्मविद्या के वास्तविक शिक्षकों का भी सन्दर्भ है। बृहदारण्यकोपनिषद् से ज्ञात होता है, कि भ्रमणशील विद्वान देशाटन[79] करते हुए ऐसे शास्त्रार्थों एवं वाद-विवादों में भाग लेते रहते थे, जिनमें दोनों पक्ष पहले से ही विजय-पराजय के लिए पुरूस्कार की घोषणा कर देते थे।[80] इनके अतिरिक्त जनक-प्रभृत राजा सर्वश्रेष्ठ विद्वान् ब्राह्मणों को पुरस्कार देते थे तथा जनक से ईर्ष्या रखने के कारण अजातशत्रु ने जनक की ही भांति उदारता प्रदर्शित करने का प्रयास किया था। पुनश्च ब्राह्मणों में अनेक विद्वान महिलाओं का भी उल्लेख मिलता है।

शास्त्रार्थ के एक विशेष रूप को ब्रह्मोद्य भी कहते थे। इसके लिए अश्वमेध तथा दशरात्र आदि यज्ञों के समय नियमित रूप से प्रयोजन होता था।[81] विद्वता का पुरूस्कार कवि अथवा विप्र की उपाधि प्राप्त करना होता था।[82]

उत्तर वैदिक कालीन साहित्यिक ग्रन्थों का अनुशीलन मात्र ब्राह्मणों की आधिकारिक स्थिती का वितरण ही प्रस्तुत नही करता है, अपितु इसके विपरीत उनके कर्तव्यों का भी विशद् उल्लेख इन ग्रन्थों में व्याप्त है। सर्वप्रथम तो यह, कि ब्राह्मणों से मात्र व्यक्तिगत ज्ञानार्जन की अपेक्षा नही की जाती थी अपितु एक गुरु अथवा पुरोहित के रूप में सामान्य प्रजा जन एवं लोक कल्याण के निमित्त अन्य लोगों को भी अपनी योग्यता से लाभान्वित करने की आशा की जाती थी।

इसमें कोई सन्देह नही कि एक गुरु के रूप में ब्राह्मण को अपने पुत्र को शिक्षा तथा यज्ञीय संस्कार दोनों का ज्ञान प्रदान करना होता था।[83] वैदिक ग्रन्थों में आरुणि तथा श्वेतकेतु[84] अथवा पौराणिक वरुण और भृगु[85] के रूप में इस प्रकार के उदाहरण मिलते हैं। सामवेद के वंश ब्राह्मण तथा शांख्यायन आरण्यक के वंश अर्थात् गुरूओं की तालिका में मिलने वाले कुछ नामों से यही तथ्य व्यक्त होता है।

दूसरी ओर उपरोक्त ग्रन्थों तथा शतपथ ब्राह्मण के वंशों द्वारा यह स्पष्ट होता है, कि पिता प्रायः किसी प्रसिद्ध आचार्य से ही अपने पुत्र को शिक्षित करावाना अधिक श्रेयस्कर समझते थे। ब्रह्मचर्य के अन्तर्गत गुरु-शिष्य सम्बन्धों का उल्लेख किया गया है। एक गुरु अपने शिष्यों को ग्रहण करता था तथा उन सभी को अपने पूर्ण मनोयोग से शिक्षा देता है।[86] गुरु के लिए यह परम आवश्यक होता था, कि वह अपने शिष्यों को समस्त ज्ञान प्रदान करें तथा उन शिष्यों के लिए तो यह और भी आवश्यक हो जाता था, जो कम से कम एक वर्ष तक गुरु के साथ रह चुके हों।[87] इस व्याहृति से

ऐसा व्यक्त होता है, और यह स्वाभाविक भी था, कि एक शिष्य सरलतापूर्वक अपना गुरु बदल सकता था। किन्तु इसके विपरीत कुछ ऐसे गुप्त ज्ञान का उल्लेख भी उत्तर वैदिक साहित्य में मिलता है जिसे मात्र कुछ विशेष योग्य शिष्यों को ही प्रदान किया जाता था।[88] प्राचीन गन्थों में तो नहीं, किन्तु सूत्रों में शिक्षण के समय तथा पद्धति का भी विस्तार से निर्धारण किया गया है।

पौरोहित्य भी ब्राह्मणों का महत्वपूर्ण उत्तरदायित्व था। इसकी जानकारी भी तात्कालिक साहित्यिक ग्रन्थों से मिलती है। सभी प्रकार के बड़े यज्ञीय कर्मकाण्डों में ब्राह्मण अपनी उपस्थिती रखते थे। ऐसा इसलिए भी था क्योंकि सरल गृह्य संस्कार साधारणतया इनकी सहायता के बिना भी सम्पन्न किए जा सकते थे। किन्तु फिर भी अधिक महत्वूपर्ण संस्कार यथा श्रोत ब्राह्मणों के बिना सम्पन्न करना सम्भव नही थे। यहां तक कि पुरोहितों की संख्या भी पृथक-पृथक अवसरों पर भिन्न-भिन्न होती थी। सांस्कारिक साहित्य के अनुसार वृहत्तम यज्ञों के समय सोलह पुरोहितों की आवश्यकता पड़ती थी। किन्तु कतिपय ऐसे संस्कार भी थे जहां पुरोहितों की संख्या चार, पांच, छः, सात अथवा दस तक होती थी। प४चविंश ब्राह्मण के अनुसार ये चार पुरोहित थे- ब्रह्मन्, होतृ, अग्नीध तथा उपवक्तृ।[89] प४चविंश ब्राह्मण में ही पांचवे पुरोहित के रूप में अध्वर्यु का उल्लेख भी मिलता है। दूसरी तरफ शतपथ ब्राह्मण से जिन छः पुरोहितों का उल्लेख होता है वे थे अध्वर्यु, होतृ, ब्रह्मन्, प्रतिप्रस्थातृ, मैत्रावरुण तथा आग्नीध।[90] प४चविंश ब्राह्मण से कुछ और पुरोहितों की जानकारी भी मिलती है। इनमें अभिगरों तथा अपगर थे।

पुनश्च कौषीतकी लोग साधारणतया निर्धारित सोलह पुरोहितों के अतिरिक्त "सदस्य" नामक एक सत्रहवाँ पुरोहित भी कर्मकाण्डों में रखते थे।[91] इसे इस नाम से संभवत: इसलिए सम्बोधित किया जाता था क्योंकि वह अपने सदस् अर्थात् आसन से ही समस्त समारोह का अवलोकन करता रहता था। सर्प-सत्र नामक एक अन्य संस्कार के लिए प४चविंश ब्राह्मण वे साधारणतया नियुक्त सोलह के अतिरिक्त तीन और अर्थात् एक द्वितीय उन्नेतृ, एक अभिगर और एक अपगर नामक पुरोहित को भी सम्मिलित किया गया है।[92] बाद के संस्कारों में ब्राह्मण को अन्य सभी पुरोहितों के ऊपर रखा गया है, किन्तु सम्भवत: प्राचीन दृष्टिकोण ऐसा नहीं था।

सुचारू रूप से सम्पन्न यज्ञ द्वारा प्रमुखतः यजमान[93] को ही लाभ होता था। किन्तु इसके बावजूद पुरोहित भी दक्षिणा प्राप्त करने के अतिरिक्त यजमान के लाभ में भी भागीदार होता था। पुरोहितो तथा यजमानों के मध्य इस संदर्भ में विवाद भी हो जाया करता था। विश्वन्तर तथा श्यापर्णों अथवा जनमेजय तथा असितमृगों के उद्धरण को इसी सन्दर्भ में दृष्टिगत किया जा सकता हैं।[94] ऐसे ही ऐषावीरों को अवांछित पुरोहित भी कहा गया है।[95] इसके अतिरिक्त सुदास के पुरोहित एक समय विश्वामित्र थे, किन्तु बाद में वसिष्ठ ने उनका स्थान ग्रहण किया था।

इन पुरोहित ब्राह्मणों के पद की प्रतिष्ठा एवं मर्यादा साधारण कर्मकाण्डीय ब्राह्मणों से आवश्यक रूप से कहीं अधिक थी और ऐसा होना स्वाभाविक भी था, क्योंकि पुरोहित ना केवल यज्ञ ही सम्पन्न कराते थे वरन् राजा के समस्त व्यक्तिगत यज्ञों का संचालन भी ये ही किया करते थे। इसलिए ये लोग लौकिक महत्व के विषयों पर अपने प्रतिपालकों की अपेक्षा कहीं अधिक प्रभाव आर्जित कर सकते थे, अथवा कभी-कभी तो निश्चित ही करते थे। गृह्य तथा धार्मिक की अपेक्षा राजनीतिक विषयों पर पुरोहितीय शक्ति का प्रभाव निश्चित रूप से पुरोहितों के व्यक्तित्व पर ही आधारित होता था।

उत्तर वैदिक कालीन साहित्य में बाद में प्रचलित उस नियम की कोई मान्यता नही है, जिसके अनुसार जीवन का कुछ अंश ब्रह्मचारिन् और कुछ गृहस्थ के रूप में व्यतीत करने के पश्चात ब्राह्मण वानप्रस्थी अथवा सन्यासी हो जाया करते थे।[96] याज्ञवल्क्य के उद्धरण से ऐसा प्रकट होता है, कि परम तत्व का अध्ययन त्रषि के जीवन को सभी विषयों से रहित करके अपने परिवार तथा पत्नी का भी परित्याग करने के लिए प्रेरित कर देता है।[97]

वस्तुतः उत्तर वैदिक कालीन वागमय के अध्ययन से स्पष्ट रूप से प्रकट होता है, कि इस काल में भी ब्राह्मणों की स्थिती सर्वोच्च थी। जैसे-जैसे यज्ञीय कर्मकाण्ड तथा उपासना पद्धति जटिल होती गई, वैसे-वैसे स्वाभाविक रूप से ब्राह्मणों का महत्व समाज में बढ़ता चला गया। अध्ययन-अध्यापन, यजन-याजन, धर्मानुष्ठान आदि कार्यों के चलते ब्राह्मणों की महत्ता का सर्वोच्च होना तथा उनकी प्रतिष्ठा बढ़ना स्वाभाविक ही था।

किन्तु एक महत्वपूर्ण तथ्य जो कि इस काल के ग्रन्थों के अनुशीलन से सामने आता है वो यह कि यही वो समय भी था, कि जब ब्राह्मणों की महत्ता को थोड़ा

झटका भी लगा था। कारण था ब्राह्मणों तथा क्षत्रियों के मध्य समाज में सर्वोच्च स्थान प्राप्त करने को लेकर प्रारम्भ हुआ वर्ग-संघर्ष। इस समय में क्षत्रिय भी प्रशासनिक शक्ति के बल पर ब्राह्मणों की सर्वोच्चता को टक्कर देने का प्रयास कर रहे थे। शतपथ ब्राह्मण में हालाँकि एक स्थान पर ब्राह्मणों को ही क्षत्रिय से श्रेष्ठ बताया गया है, किन्तु वहीं एक अन्य स्थान पर क्षत्रिय को भी ब्राह्मणों से श्रेष्ठ बताया गया है।

ऐसा होना स्वाभाविक भी था। क्योंकि एक तो क्षत्रिय राष्ट्र के स्वामी थे दूसरा देश का समस्त जन-धन उनके अधीन था। ऐसे में वे ब्राह्मणों के समक्ष अपनी निम्नता भला क्यों स्वीकार करते? अतएव उन्होंने ना सिर्फ ब्राह्मणों की श्रेष्ठता को अस्वीकार कर दिया अपितु उनके स्थान पर स्वयं की उच्चता की घोषणा भी कर दी। यही कारण है, कि शतपथ ब्राह्मण में उल्लिखित है, कि राजसूय यज्ञ के समय ब्राह्मण, क्षत्रिय के समक्ष निम्न आसन ग्रहण करे।[98] स्पष्ट है, कि उत्तर वैदिक साहित्य में ब्राह्मणों की स्थिती में थोड़ी निम्नता अवश्य ही आ गई थी। हालांकि अभी भी समाज में सर्वोच्च स्थान ब्राह्मणों को ही प्राप्त था किन्तु यह भी सत्य है, कि उनकी इस सर्वोच्चता को क्षत्रियों से कड़ी चुनौती भी मिल रही थी। इस काल में कई क्षत्रियों द्वारा ब्राह्मणों को शिक्षा देने के उद्धरण इस तथ्य को और अधिक पुष्ट कर देते हैं, कि अब क्षत्रिय, शिक्षा को इस दृष्टिकोण से ग्रहण कर रहे थे, कि उन्हें ब्राह्मणों की श्रेष्ठता को चुनौती देनी थी। सर्वविदित है, कि ब्राह्मणों की श्रेष्ठता का मुख्य कारण शिक्षा क्षेत्र में उनकी पकड़ ही था।

वस्तुतः इसमें कोई सन्देह नही हैं, कि इतने सब प्रयासों के बावजूद भी समाज में ब्राह्मण ही सर्वोच्च प्रतिष्ठित थे। क्षत्रियों के इस विद्रोह ने हालांकि उनकी इस सर्वोच्चता को ठेस अवश्य ही पहुँचाई थी, किन्तु फिर भी उनकी श्रेष्ठता की पकड़ समाज पर इस सीमा तक थी, कि उन्हें अपने स्थान एवं स्थिती से ना हटाया जा सका।

सन्दर्भ-सूची

1. अथर्ववेद, 3/5/7,
2. यजुर्वेद, 31/10/1

3. वही, 3/5, ब्राह्मणे ब्राह्मणं क्षत्राय राजन्यं मरुद्भ्यो वैश्यं तपसे शूद्रं तमसे तस्करं नारकार वीरहणं पाप्मने कलीवमाक्रायाया आयोगं कामाय पुश्चाश्मतिक्रुष्टाय भागधम्।
4. तैत्तिरीय ब्राह्मण, 1/1/4
5. अथर्ववेद, 3/5/7, 5/17/9
6. तैत्तिरीय ब्राह्मण, 1/2/6
7. वही, 1/7/31
8. अथर्ववेद, 5/19/8/15
9. शतपथ ब्राह्मण, 5/34/20
10. यजुर्वेद, 18/48, रुचं नो धेहि ब्राह्मणेषु रुचं राजसु नमस्कृधि। रुचं विश्येषु शूद्रेषु मयि धेहि रुचा रुचम्।।
11. शतपथ ब्राह्मण, 3/5,
12. पञ्चविंश ब्राह्मण, 13/7,
13. तैत्तिरीय संहिता, 2/3, काठक संहिता, 12/6,
14. छान्दोग्योपनिषद्, 4/4/1/2, सत्यकामोह जाबाली जाबालां मातरमामन्त्रयांचक्रे ब्रह्मचर्य भवति विवत्स्यामि किंगोत्रोऽहमस्मीति। सा हैनमुवाच नाहमेतद्वेद तात यद्गोत्रस्त्वमसि। बह्वहं चरन्ती परिचारिणी यौवने त्वामलभे। साहमेतन्न वेद यद्गोत्रस्त्वमसि........।

    छान्दोग्योपनिषद्, 4/40/3, उपकोसलो हवै कामलायनः सत्यकामे जाबाले ब्रह्मचर्यमुवास।
15. काठक संहिता, 30.1, मैत्रायणी संहिता, 48/1,
    किं ब्रह्मणस्य पितरम् किं पृच्छसि मातरम्।
    श्रुतः वेद् अस्मिन् वेद्यम् स पिता स पितामहः।
16. अथर्ववेद, 2/6/3, 4/6/1
17. वही, 5/3/2, 6/13/1
18. शतपथ ब्राह्मण, 11/5/7
19. काठक संहिता, 25/3, शतपथ ब्राह्मण, 2/4/1/10,

20. शतपथ ब्राह्मण, 14/6/1,2
21. काठक संहिता, 19/12
22. पञ्चविंश ब्राह्मण, 6/5/8,
23. शतपथ ब्राह्मण, 13/5/4,29,
24. वही, 5/4/2/3,
25. वही, 13/4/2/17,
26. तैत्तिरीय संहिता, 2/5/11/9,
27. शतपथ ब्राह्मण, 12/7/2/2,
28. वही, 12/8/1/5,
29. वही, 12/9/1/1,
30. वही, 1/2/3/9
31. पञ्चविंश ब्राह्मण, 10/4/5, 17/1/9,
32. शतपथ ब्राह्मण, 4/1/5/8-14,
33. तैत्तिरीय संहिता, 6/4/9/3,
34. अथर्ववेद, 5/17,
35. वही, 5/18,
36. तैत्तिरीय संहिता, 2/6/10/2,
37. शतपथ ब्राह्मण, 13/3/5/3,
38. काठक संहिता, 31/7, कपिष्ठल संहिता, 47/7,
39. तैत्तिरीय संहिता, 6/5/10/2,
40. शतपथ ब्राह्मण, 13/3/1/1
41. तैत्तिरीय आरण्यक, 10/38
42. शांखायन श्रौतसूत्र, 16/10/10,
43. वही, 15/20
44. पञ्चविंश ब्राह्मण, 14/6/8,
45. तैत्तिरीय संहिता, 6/6/1/4, शतपथ ब्राह्मण, 4/3/4/19
46. मैत्रायणी संहिता, 4/8/1,

47. छान्दोग्योपनिषद्, 6/4/4,
48. शतपथ ब्राह्मण, 11/5/4/1,
49. पञ्चविंश ब्राह्मण, 14/6/6,
50. काठक संहिता, 25/3, तैत्तिरीय संहिता, 6/2/6/4
51. मैक्समूलर, ऐंशियेन्ट संस्कृत लिट्रेचर, पृ0 380,
52. तैत्तिरीय संहिता, 2/1/5/5,
53. शतपथ ब्राह्मण, 5/4/5/4,
54. मैक्समूलर, ऐंशियेन्ट संस्कृत लिट्रेचर, पृ0 407,
55. शतपथ ब्राह्मण, 2/3/2/12, 2/3/4/6, 13/1/5/6,
56. वही, 3/2/1/24,
57. बृहदारण्कोपनिषद्, 3/8/8, 5/1/1, 3/4/1, 4/4/26,
58. वही, 6/4/4,
59. तैत्तिरीय आरण्यक, 2/18,
60. वाजसनेयी संहिता, 22/22, तैत्तिरीय संहिता, 4/1/7/1,
61. शतपथ ब्राह्मण, 2/1/3/6, 13/1/5/3,
62. काठक संहिता, 37/7, पञ्चविंश ब्राह्मण, 23/7/3,
63. शतपथ ब्राह्मण, 1/7/2/3, 11/3/3/3-6
64. वही, 11/5/6/3,
65. बृहदारण्यकोपनिषद्, 4/3/35-39,
66. तैत्तिरीय आरण्यक, 7/8/10,
67. शतपथ ब्राह्मण, 2/6/4/2-7, 5/5/5/9,
68. काठक संहिता, 37/7,
69. तैत्तिरीय ब्राह्मण, 2/7/1/2,
70. शतपथ ब्राह्मण, 11/5/7/5-8,
71. तैत्तिरीय आरण्यक, 2/9/10,
72. छान्दोग्योपनिषद्, 7/1/2

73. तैत्तिरीय आरण्यक, 2/11/12-15,
74. शतपथ ब्राह्मण, 4/2/4/1,
75. वही, 11/6/2/5,
76. बृहदारण्कोपनिषद्, 6/1/11,
77. वही, 2/1/1
78. शतपथ ब्राह्मण, 10/6/1/2
79. बृहदारण्कोपनिषद्, 3/3/1,
80. शतपथ ब्राह्मण, 11/4/1/1,
81. वही, 13/5/2/11, 4/6/9/20,
82. तैत्तिरीय संहिता, 2/5/9/1,
83. शतपथ ब्राह्मण, 1/6/2/4,
84. बृहदारण्कोपनिषद्, 6/1/1,
85. शतपथ ब्राह्मण, 11/6/1/1
86. तैत्तिरीय आरण्यक, 7/4
87. शतपथ ब्राह्मण, 14/1/1/26
88. बृहदारण्कोपनिषद्, 6/1/11,
89. पञ्चविंश ब्राह्मण, 25/4/2,
90. शतपथ ब्राह्मण, 11/7/2/6,
91. वही, 10/4/2/19
92. पञ्चविंश ब्राह्मण, 25/14/3
93. शतपथ ब्राह्मण, 1/6/9/20
94. ऐतरेय ब्राह्मण, 7/27,
95. शतपथ ब्राह्मण, 11/2/7/32,
96. ड्यूसन, फिलॉसफी ऑफ दि उपनिषद्स, पृ0 372,
97. बृहदारण्कोपनिषद्, 2/4/1
98. शतपथ ब्राह्मण, 14/1/23

❖ ❖ ❖

पंचम् अध्याय

सूत्र साहित्य में ब्राह्मण

छः सौ ईसा पूर्व से लेकर तीन सौ ईसा पूर्व तक का समय वह समय था जब सूत्र-ग्रन्थों की रचना हुई। यही कारण कि प्राचीन भारतीय इतिहास के इस युग को हम सूत्र-युग कहते हैं। श्रौत सूत्र, गृह्यसूत्र तथा धर्मसूत्र तीनों ही कल्पसूत्र के अन्तर्गत आते हैं। श्रौतसूत्रों में याज्ञिक क्रियाओं तथा विधि विधानों का उल्लेख है, जबकि गृह्यसूत्र तथा धर्मसूत्रों में सामाजिक तथा धार्मिक आचार-विचार एवं विभिन्न कर्तव्यों का वर्णन हैं।

सूत्र-साहित्य में वर्ण-व्यवस्था अपने उत्तरोत्तर जटिल रूप से मिलती है। सूत्र-साहित्य के अध्ययन से पता चलता है, कि इनमें वर्ण-व्यवस्था के सम्बन्ध में बन्धन तथा अवरोध की प्रक्रिया अधिक मिलती है। वर्णों के मध्य अधिकार तथा कर्तव्यों को लेकर अपेक्षाकृत अधिक स्पष्ट विभाजक रेखा खिंच गई थी। वर्णोत्पत्ति को जन्मना ही स्वीकार किया जा रहा था, तथा कर्म प्रधानता की भावना अपेक्षाकृत निर्बल पड़ती जा रही थी। वर्णों में आनुवंशिकता प्रभावशाली होती जा रही है। ऐसे में कमोवेश ब्राह्मण की प्रधानता समाज में उत्तरोत्तर बढ़ती ही जा रही थी। सूत्र साहित्य के ब्राह्मण की स्थिती पर दृष्टिपात करने पर सहज ही यह अनुमान लगाया जा सकता है, कि अब समाज में उनकी स्थिती बेहद प्रभावपूर्ण तथा सम्माजनक हो गई थी।

छः सौ ईसा पूर्व में जैन एवं बौद्ध जैसे अनिश्वरवादी धर्मों के प्रादुर्भाव से वर्ण-व्यवस्था को बहुत गहरा आघात लगा था। ऐसे में ब्राह्मणों की स्थिती में भी बहुत गिरावट आ गई थी। सूत्र-साहित्य का अध्ययन हमें बताता है कि यही वो युग था, जब ब्राह्मण वर्ग का पुनर्गठन करके उसके भावी विकास की रूपरेखा निश्चित

की गई थी। ब्राह्मणों की स्थिति की पुनर्प्रतिष्ठा के लिए जन्म को आधार बनाया जाना बहुत ही आवश्यक था। अतएव इस युग में जन्म को ही ब्रह्मणत्व का आधार बनाया गया।[1] ब्राह्मणों की विशिष्टता तथा श्रेष्ठता एवं उनकी सर्वोच्च स्थिती को पुनः नियोजित किया गया था। द्विज की व्याख्या करते हुए ब्राह्मण, क्षत्रिय तथा वैश्य के पृथक-पृथक उपनयन संस्कार की व्यवस्था की गई थी।[2] इस दर्शन का विकास इस अर्थ में हुआ कि क्षत्रिय अन्य वर्णों का शासक तो है, किन्तु ब्राह्मण-वर्ण का नही।[3] स्पष्ट है, कि सूत्र-साहित्य में भी पुनः सभी वर्णों पर ब्राह्मणों की सर्वोच्चता स्वीकार की गई थी। ब्राह्मण का सत्कार करना सभी राजाओं का परम कर्तव्य होता था। श्रोतिय को राजा द्वारा सर्वदा पथदान प्राप्त होता था।[4] आपस्तम्व सहित लगभग सभी सूत्रकारों ने सूत्र युग में ब्राह्मणों को प्राप्त होने वाले इस आदर-सत्कार की बात कहीं है।[5] राजन्य द्वारा ब्राह्मणों को आदर-सत्कार देने के लिए सम्भवतः इसलिए भी विशेष रूप से विनिर्दिष्ट किया गया होगा क्योंकि इससे पूर्व बौद्ध युग में यही वो राजन्य वर्ग था, जिसने ब्राह्मणों की प्रतिष्ठा, सर्वोच्चता एवं उत्तम स्थिति पर जमकर कुठाराघात किया था तथा ब्राह्मणों को प्राप्त विशेषाधिकारों को भी चुनौती दी थी।

सूत्र-साहित्य ब्राह्मणों को सभी प्रकार के शारीरिक दण्डों से भी मुक्त रखता है।[6] उन्हें पूर्णरूपेण अवध्य, अदण्डय अबन्ध्य, अबहिष्कार्य, अपरिवाद्य, अपरिहार्य माना गया है।[7] गौतम धर्म सूत्र कहता है, कि ब्रह्महत्या करने वाला व्यक्ति महापातक के रूप में सहस्त्र वर्षों तक स्वर्ग नहीं प्राप्त कर पाता है।[8] ब्राह्मण की भर्त्सना, उसके प्रति निघात लोहित-दर्शन आदि अत्यन्त जघन्य अपराध माना जाता था।[9]

सूत्र-साहित्य में ब्राह्मणों की महत्ता तथा सर्वोच्च स्थिति को कमोवेश अपने प्रारम्भिक रूप में ही स्वीकार किया गया था। सभी धर्मसूत्रों में ब्राह्मणों को असीमित विशेषाधिकार दिए गए थे।

विष्णु धर्मसूत्र के अध्ययन से ब्राह्मणों की स्थिति अधिक स्पष्ट होती है। विष्णु कहते हैं, कि देवता तो परोक्ष देवता हैं, किन्तु ब्राह्मण प्रत्यक्ष देवता है, यह विश्व ब्राह्मणों द्वारा धारण किया गया है, ब्राह्मणों की कृपा से ही देवता स्वर्ग में स्थित हैं, ब्राह्मणों द्वारा कहे गए शब्द कभी-मिथ्या नही होते।[10] स्पष्ट है, कि धर्मसूत्र-साहित्य में ब्राह्मणों की तुलना देवताओं से की गई है। यही तुलना समाज में ब्राह्मणों की स्थिति को एकदम स्पष्ट कर देती हैं।

सूत्र-साहित्य में ब्राह्मणों को जन्मना ही सबका गुरु स्वीकार किया गया है, तथा जन्म से ही उसे यह श्रद्धा पद प्रदान किया गया था। वसिष्ठ धर्मसूत्र भी ब्राह्मणों की इस सर्वोच्चता को स्वीकार करता हैं।[11] आपस्तम्ब के दृष्टिकोण में तो ब्राह्मणों की स्थिति इससे भी अधिक उत्कृष्ट थी। वे कहते हैं कि एक सौ वर्षीय क्षत्रिय को एक दस वर्षीय ब्राह्मण-बालक का भी पिता की भाँति सम्मान करना चाहिए।[12]

राजस्व के क्षेत्र में भी ब्राह्मणों की स्थिति में विशेष प्रभाव था। आपस्तम्ब, वसिष्ठ आदि सभी सूत्रकार ब्राह्मणों को कर मुक्त रखने की बात कहते हैं।[13] वसिष्ठ इसका समुचित कारण भी बताते हैं। वे कहते हैं, कि ब्राह्मण वेदाध्ययन करता है, धार्मिक शील प्राप्त करता है, जिसे राजा भी प्राप्त करता है तथा विपत्तियों में उसकी रक्षा हो पाती है आदि।[14]

पाए गए धन के विषय में भी ब्राह्मणों को बहुत अधिक विशेषाधिकार दिए गए थे। यदि कोई सामान्य व्यक्ति किसी प्रकार का गढ़ा धन प्राप्त कर लेता था तो उस धन पर सम्पूर्ण अधिकार राजा का होता था। मात्र उसी व्यक्ति को उस गढ़े धन का छठा भाग मिलता था जो पूरी सत्यता से उस धन की जानकारी राजा को दे देता था। किन्तु ब्राह्मण की सर्वोच्च स्थिति इससे स्पष्ट होती है, कि यदि गढ़ा धन किसी विद्वान ब्राह्मण को प्राप्त होता था तो वह उस धन का पूर्ण स्वामी होता था।[15] यहां तक कि यदि राजा को गढ़ा धन प्राप्त होता था तो वह भी उस धन का आधा भाग ब्राह्मणों को दे देता था।

सूत्र-साहित्य से ज्ञात होता है, कि इस समय में ब्राह्मणों की स्थिती इतनी उन्नत थी, कि मार्ग पर चलने के सन्दर्भ में भी ब्राह्मणों को राजा से भी अधिक महत्ता प्राप्त थी। अवरुद्ध मार्ग पर चलने में राजा ब्राह्मणों को ही महत्व देता था। गौतमधर्मसूत्र से ज्ञात होता है, कि मार्गरोध के समय सबसे पहले गाड़ी को तत्पश्चात बूढ़े, रोगी, नारी, स्नातक, तत्पश्चात राजा को चलना चाहिए। इसमें आगे गौतम कहते है, कि राजा को चाहिए कि वह पहले श्रोत्रिय को जाने दें।[16] इसी तरह के मत आपस्तम्ब धर्मसूत्र, बौधायन धर्मसूत्र आदि में भी मिलते हैं।[17] वसिष्ठ भी लिखते हैं, कि गुरु के यहां से सद्यः आया हुआ स्नातक राजा से पहले मार्ग पाता है, किन्तु वधू को सर्वप्रथम मार्ग मिलता है।[18]

ब्राह्मणों को दण्ड दिए जाने के सन्दर्भ में भी कई तथ्य धर्मसूत्रों में मिलते हैं। गौतम की भांति बौधायन धर्मसूत्र में भी ब्राह्मणों को अदण्डय माना गया है।[19]

हांलाकि वह आगे यह भी कहते हैं, कि यदि ब्राह्मण अनैतिक है तो अवश्य ही दण्ड का पात्र है। बौधायन कहते हैं, कि यदि कोई ब्राह्मण ब्रह्महत्या, व्यभिचार या अगम्यगमन अर्थात् मातृगमन, स्वसृगमन, दुहितृगमन आदि सुरापान, सुवर्ण चोरी जैसे अपराधों में लिप्त हो तो उसके ललाट पर जलते हुए लौह से अंक चिन्हित करके उसे देश से निष्कासित कर देना चाहिए।

ब्राह्मणों को अन्य अपराधों में अपेक्षाकृत कम दण्ड दिया जाता था। गौतम कहते हैं, कि यदि किसी क्षत्रिय ने ब्राह्मण की भर्त्सना की उसे दण्ड एक सौ कार्षापण का दिया जाए। यदि वैश्य ऐसा करे तो दण्ड एक सौ पचास कर्षापण होगा। किन्तु वहीं दूसरी और यदि ब्राह्मण किसी क्षत्रिय या वैश्य की भर्त्सना करे तो उसे दण्ड मात्र क्रमशः पचास एवं पच्चीस कार्षापण ही दिया जाए। किन्तु यदि वह शूद्र की भर्त्सना करे तो किसी प्रकार का दण्ड ना दिया जाए।[20] इसके अतिरिक्त कहीं-कहीं कुछ अपराधों के सन्दर्भ में ब्राह्मणों के लिए अन्य वर्णों की अपेक्षा कठोर दण्डो की व्यवस्था धर्मसूत्र साहित्य में मिलती है। गौतम धर्मसूत्र का उदाहरण देखें तो वह कहते है, कि चोरी के सन्दर्भ में शूद्र को आठ कार्षापण, वैश्य को सोलह कार्षापण क्षत्रिय को बत्तीस कार्षापण का दण्ड दिया जाना चाहिए, जबकि ब्राह्मण को चौंसठ, सौ अथवा एक सौ अट्ठाईस कार्षापण का दण्ड देना चाहिए।[21]

ऐसा संभवतः इसलिए या क्योंकि ब्राह्मण जो कि अति विद्वान्, शास्त्रों का ज्ञाता तथा विधितत्व वेत्ता होता था, उससे इस प्रकार के अपराध की अपेक्षा भी नहीं की जा सकती थी। क्योंकि यदि इतना शिक्षित, संयमी, नियमी एवं अनुशासित ब्राह्मण ऐसा कृत्य करेगाा तो सामान्य व्यक्ति क्या करेगा। ब्राह्मण के कर्म एवं जीवन शैली हर प्रकार से अनुकरणीय है और उनसे अपराध होने की स्थिति में समाज पर इसका कुप्रभाव पड़ सकता था।

गौतम के मतानुसार कोई ब्राह्मण किसी अब्राह्मण के द्वारा साक्ष्य के लिए नही बुलाया जा सकता। यदि वह लेखपत्र में लिखित रूप से साक्षी ठहराया गया है तब ही मात्र राजा उसे बुला सकता हैं। वे आगे कहते हैं, कि किसी ब्राह्मण द्वारा श्रोत्रिय को बुलाया जा सकता है।[22] विष्णुधर्मसुत्र भी श्रोत्रिय को साक्ष्य देने से मना करता हैं।[23]

गौतम ऐसे ब्राह्मणों की कोटी भी निर्धारित करते हैं, जिन्हें श्राद्ध तथा देव-क्रिया-संस्कार के समय भोजन के लिए बुलाया जा सकता था अन्य को नही।[24]

आपस्तम्ब भी इसी तरह का मत व्यक्त करते हैं।[25] सौत्रामणी एवं सत्र जैसे विशाल एवं महत्वपूर्ण यज्ञ मात्र ब्राह्मण की कर सकते थे।

ब्राह्मणों की सूत्र-साहित्य में जो महत्वपूर्ण स्थिति थी उसी मार्यादानुसार कतिपय निर्देश भी उन्हें दिए गए थे। दान ग्रहण करने के एकमात्र अधिकारी ब्राह्मण थे यह सत्य है किन्तु इस सन्दर्भ गें भी उन्हें निर्देशित किया गया था। गौतम एवं विष्णु दोनों धर्मसूत्रों में मिलता है, कि ब्राह्मण को अपनी योगक्षेम के लिए राजा या धनिक के पास जाना चाहिए।[26]

वसिष्ठ भी इसी प्रकार का मत व्यक्त करते हैं। वे कहते हैं, कि क्षुधापीड़ित होने पर ब्राह्मण को राजा, अपने शिष्य अथवा सुपात्र के पास सहायता के लिए जाना चाहिए। किन्तु अधार्मिक राजा से दान नही ग्रहण करना चाहिए।[27] गौतम इसमें थोड़ी ढील देते हुए व्यवस्था करते हैं, कि यदि राजा, शिष्य अथवा इच्छित सुपात्र दानी दाता ना मिले तो दान लेने के लिए किसी अन्य योग्य द्विजातियों के पास याचना करनी चाहिए।[28] गौतम यह भी कहते हैं, कि राजा का यह कर्तव्य है, कि वह श्रोत्रिय एवं दरिद्र ब्राह्मणों की जीविका का उचित प्रबन्ध करे।[29] जबकि आपस्तम्ब अविद्वान ब्राह्मण को दान लेने एवं अयोग्य पात्र को दान देने से ही मना करते है।[30]

इस पूरी व्यवस्था में सबसे सर्वमान्य तथ्य यह है, कि प्रतिग्रह ग्रहण करने की एक योग्यता होती थी और वह थी ब्राह्मण का शिक्षित एवं विद्वान होना। वसिष्ठ धर्मसूत्र से भी यह तथ्य उजागर होता है। वे कहते हैं, कि सन्निकट रहने वाले विद्वान पड़ोसी ब्राह्मण को दान देना चाहिए, किन्तु यदि पास में ब्राह्मण हों किन्तु वह अशिक्षित अथवा मूढ़ हो तो दूर के किसी योग्य विद्वान ब्राह्मण को दान देना श्रेयस्कर है।[31] वे आगे कहते है, कि जो ब्राह्मण अपने माता-पिता, गुरु के प्रति सत्य हो, जो दरिद्र हो, जो सकरुण हो तथा जो इन्द्रिय-निग्रही हो उसे ही दान दिया जाना चाहिए।[32]

गौतम इस सन्दर्भ में कहते हैं, कि जन्म से ही ब्राह्मण को, श्रोत्रिय या आचार्य को, जिसने सभी वेदों पर अधिकार प्राप्त कर किया हो उसको जो दान दिया जाता है, वह अब्राह्मण को दान देने से जो सहस्त्र या अन्नत गुण पुण्य होता है, उससे दोगुना फल देता है।[33] बौधायन भी कहते हैं, कि जब कोई ब्राह्मण, श्रोत्रिय या वेदपारग गुरु को दक्षिणा देने के लिए, विवाह के लिए, औषधि के लिए, अध्ययन एवं

यात्रा के लिए दान मांगे तो यज्ञ करने के उपरान्त दानी को अपनी सामर्थ्य के अनुसार दान अवश्य देना चाहिए।[34]

सूत्र साहित्य आपद् स्थितियों के लिए भी ब्राह्मणों को स्पष्ट निर्देश देता है। आपातकाल में ब्राह्मण की स्थिती क्या होती है थी, वह क्या करता था, क्या नही करता था सभी बातों की जानकारी सन्दर्भित साहित्य में प्रचुरता से मिलती है। जब अध्ययन-अध्यापन, यजन-याजन, प्रतिग्रह आदि वृत्तियों से की ब्राह्मण जीविकोपार्जन नही कर पाता था तो ऐसी परिस्थितियों में ब्राह्मणों के लिए विजातीय वृत्तियां अपनाने की अनुमति भी सूत्र-साहित्य में कही-कहीं मिलती है। गौतम स्पष्टतः कहते हैं कि यदि ब्राह्मण शिक्षण अर्थात् अध्यापन, पौरोहित्य अथवा प्रतिग्रह से भी अपनी जीविका चलाने में समर्थ ना हो तब उसे क्षत्रिय वृत्ति अर्थात् युद्ध एवं रक्षण कार्य अपना लेने चाहिए। यदि यह भी संभव ना हो तो ब्राह्मण वैश्य-वृत्ति भी अपना सकता हैं।[35] बौधायन एवं वसिष्ठधर्मसत्रों में भी यही बातें थोड़े-बहुत अन्तर के साथ मिल जाती हैं।[36]

यहां गौतम यह भी स्पष्ट कर देते हैं, कि आपात काल में ब्राह्मण अपने कर्मों के अतिरिक्त शूद्र-वृत्ति कर सकता है, किन्तु वह शूद्रों के साथ भोजन नहीं कर सकता, न चौका-बर्तन रख सकता है तथा ना ही वर्जित भोज्य सामग्री जैसे प्याज-लहसुन आदि का सेवन कर सकता है।[37] आपस्तम्बधर्मसूत्र में भी यही बात देखने को मिलती है। आपस्तम्ब कहते है, कि ब्राह्मण को शूद्र का भोजन नहीं ग्रहण करना चाहिए।[38]

सूत्र-साहित्य में ब्राह्मणों की स्थिति का अध्ययन करते हुए यह भी देखा गया है कि इस समय ब्राह्मण जीवन के प्रत्येक महत्वपूर्ण क्षेत्र में अपनी उपस्थिती दर्ज करवा रहे थे। आपस्तम्ब, बौधायन, गौतम लगभग सभी धर्मसूत्रकारों ने इस सन्दर्भ में स्पष्ट व्याख्याएं की हैं। सत्य तो यह है, कि समस्त धर्मसूत्र साहित्य किसी ना किसी प्रकार से ब्राह्मणों को सेनानी के रूप में भी समाज में ग्रहण करता हैं। गौतम आपत्तिकाल में ब्राह्मणों द्वारा क्षत्रिय वृत्ति अपनाने को उचित मानते हैं।[39] वही बौधायन ने कहा है, कि गौओं एवं ब्राह्मणों की रक्षा करने एवं वर्णसंकरता रोकने के लिए ब्राह्मण एवं वैश्य शस्त्र धारण कर सकते हैं।[40] हांलाकि आपस्तम्ब ने कहा है, कि परीक्षा के लिए भी ब्राह्मणों को आयुध नहीं धारण करना चाहिए।[41]

धर्मसूत्र साहित्य में जिस प्रकार ब्राह्मणों की स्थिति सेनानियों के सन्दर्भ में है, वैश्य वृत्ति के सन्दर्भ में भी बहुत से आख्यान इन साहित्यिक ग्रन्थों में यत्र-तत्र मिल जाते हैं। जहां गौतम आपद् स्थितियों में ब्राह्मणों को वैश्य वृत्ति अपनाने की अनुमति दे देते हैं, तो वही कृषि, वाणिज्य, पशुपालन, ब्याज आदि के सन्दर्भ में कईं सारे निर्देश भी देते दिखाई पड़ते हैं। वे ब्राह्मण को अपने तथा अपने कुटुम्ब के रक्षण के लिए कृषि, क्रय-विक्रय, ऋण-लेन-देन की छूट तो देते हैं, किन्तु यह नियन्त्रण भी लगाते हैं, कि ब्राह्मण ये कार्य स्वयं ना करके किसी अन्य से सम्पादित कराए।[42]

वसिष्ठ की वाणी में भी कुछ मिलते जुलते स्वर ही सुनाई देते हैं। वे कहते हैं, कि ब्राह्मण एवं क्षत्रिय अधिक ब्याज पर लेन-देन ना करे, क्योंकि ब्याज पर धन संग्रहण ब्रह्म हत्या के सदृश हैं।[43] आपस्तम्ब तो ब्याज पर धन संग्रहण करना ब्राह्मण के लिए पाप मानते हैं तथा प्रायश्चित तक का विधान कर देते हैं।[44]

इसी प्रकार की निर्देशात्मक व्यवस्था कृषि कर्म के सन्दर्भ में भी धर्मसूत्र-साहित्य में दिखाई पड़ती हैं। इस सन्दर्भ में बौधायन धर्मसूत्र के वचन दर्शनीय हैं। बौधायन एक स्थान पर कहते हैं, कि वेदाध्ययन से कृषि का नाश होता है तथा कृषि से वेदाध्ययन का। जो दोनों कार्य में समर्थ हों वे दोनों करें किन्तु जो एक में समर्थ हों वे कृषि-कर्म का त्याग करें।[45] वे आगे कहते हैं, कि ब्राह्मण को प्राप्तः काल के भोजन से पूर्व कृषि कार्य करना चाहिए। उसे ऐसे बैलों को जिनकी नाक ना छिदी हो, जिनके अण्डकोष ना निकाले गए हों, जोतना या बार-बार उकसाना चाहिए तथा तीखी चर्मभेदिका से उन्हें नहीं खोदना चाहिए।[46] वसिष्ठ धर्मसूत्र में भी यही बात थोड़े-बहुत अन्तर के साथ दिखाई पड़ती हैं।[47]

विक्रय एवं विनियम के सन्दर्भ में भी धर्मसूत्रकारों ने पर्याप्त निर्देश जारी किए हैं। इस बात के स्पष्ट संकेत उन्होंने दिए हैं, कि कौन सी वस्तु ब्राह्मण द्वारा विक्रय-विनियम के योग्य है तथा कौन सी नहीं। गौतम धर्मसूत्र में गौतम स्पष्ट बताते हैं, कि ब्राह्मणों को चन्दन आदि सुगन्धित वस्तुएं, तेल, घी आदि द्रव पदार्थ, पका भोजन, तिल, सन या पटसन, मृगचर्म, रंगा एवं स्वच्छ किया हुआ वस्त्र, दूध एवं इससे बनी वस्तुएं जैसे घी, मक्खन आदि, कन्दमूल, पुष्प, फल, जड़ी-बूटी, मधु मांस, घास, जल, विषैली औषधियां जैसे अफीम, विष आदि, हत्या की जाने वाले पशु, दास, बांझ, गाएं, बछड़ा-बछड़ी आदि का विक्रय-विनियम नही करना चाहिए।[48] गौतम

यह भी कहते हैं, कि कुछ आचार्यों ने ब्राह्मण के लिए भूमि, चावल, जौं, बकरियां एवं भेड़, घोड़े, बैल, हाल में व्याही हुई गायें एवं गाड़ी में जोते जाने वाले बैल आदि बेचने की अनुमति नहीं दी है।[49] वर्जित वस्तुओं का विनियम भी वर्जित माना गया है तथा इसमें कुछ छूटें भी दी गई हैं जैसे भोजन का भोजन से, दासों का दासों से आदि।[50]

सभी बातों का सार यह है, कि सूत्र-साहित्य में ब्राह्मणों की बड़ी महत्ता थी। इस वांग्मय में ब्राह्मणों की स्थिति बहुत उन्नत थी। ब्राह्मण को अत्यन्त उदार दृष्टि से देखा जाता था। बौधायन ने स्पष्ट तौर पर यह कहा है, कि स्वयं ब्रह्मा ने भी अपनी महिमा को ब्राह्मण में रखा हैं।[51] वह परम आदरणीय सबका हितकारी, परम पूजनीय गुरु एवं पृथ्वी का देवता था। ब्राह्मणों की यह स्थिति अनावश्यक नहीं थी अपितु उसके कर्मों के आधार पर थी।

ब्राह्मण स्वयं को वेदादि शास्त्रों से सदैव विकासोन्मुख रखता था, तपश्चर्या से सम्पूर्ण समाज के विकास के लिए भी सदैव तत्पर एवं कटिबद्ध रहता था। बौधायन भी कहते हैं, कि जो ब्राह्मण प्रातः एवं सांय काल की सन्ध्या नहीं करता उसे राजा द्वारा शूद्रोचित कार्य दिया जाना चाहिए।[52]

सन्दर्भ-सूची

1. आपस्तम्बधर्मसूत्र, 1/1/1/5, चत्वारो वर्णा ब्राह्मणक्षत्रिय वैश्य शूद्राः।
   तेषां पूर्वः पूर्वो जन्मतः श्रेयान्।।
2. शूद्र वर्जिताना त्रयाणां वर्णानामदुष्टकर्मणामुपायनादयो धर्माः। उपायनमुपनयनम्।
3. गौतमधर्मसूत्र, 11/1, राजा सर्वश्रेष्ठे ब्राह्मण वर्जनम्।
4. वही, 6/21-22, चकिदशमीस्थानुग्राह्यबधूस्नात् कराजैम्यः पथोदानम्।
   राज्ञः तु श्रौत्रियाम्।।
5. आपस्तम्बधर्मसूत्र, 12/5/11/5-9, राज्ञः पन्था ब्राह्मणे नासयेत्य।
   समेत्य तु ब्राह्मणस्य पंथाः।।
6. गौतमधर्मसूत्र, 12/43, न शारीरी ब्राह्मण दण्डः।
7. गौतमधर्मसूत्र, 8/12-13, यत्तुषडभिः परिहार्यो राजा वध्यश्चावन्ध्यश्चादण्डश्चा-
   बहिष्कार्यश्चापरिवाद्यश्चापरिहार्यश्चेति।
8. गौतमधर्मसूत्र, 21/1

9. वही, 22/20-22,	'अभिक्रुद्धा वगोरणं ब्राह्मणस्य वर्षशतमस्वर्ग्यम्। निघ्राते सहस्रम्।, लोहितदर्शने यावतस्तत्प्रसफद्य पांसून् संगहणीयात्।।"
10. विष्णुधर्मसूत्र 19/20-22,	देवाः परोक्षदेवाः प्रत्यक्षदेवा ब्राह्मणाः। ब्राह्मणैर्लोका धार्यन्ते। ब्राह्मणानां प्रसादेन दिवि तिष्ठन्ति देवताः। ब्राह्मणाभिहितं वाक्यं न मिथ्या जायते क्वचित्।।
11. वसिष्ठधर्मसूत्र, 4/1-2,	प्रकृतिविशिष्टं चातुर्वर्ण्यं संस्कारविशेषाच्च। ब्राह्मणोऽस्य मुखमासीद् बाहूराजन्यः कृत इत्यपि निगमो भवति।
12. आपस्तम्बधर्मसूत्र, 1/4/14/23,	दशवर्षश्च ब्राह्मणः शतवर्षश्च क्षत्रियः। पितापुत्रौ स्म तौ विद्धि तयोस्तु ब्राह्मणः पिता।।
13. वसिष्ठधर्मसूत्र, 1/42-43,	राजा तु धर्मेणानुशासत् षष्ठं धनस्य हरेत्। अन्यत्र ब्राह्मणात्।।
14. वही, 1/44-46,	इष्टापूर्तस्य तु षष्ठमशं भजतीति ह। ब्राह्मणो वेदमाढ्यं करोति ब्राह्मण आपद उद्धरति तस्माद् ब्राह्मणोनाद्यः। सोमोऽस्य राजा भवतीति ह। प्रेत्य चाभ्युदयिकमिति ह विज्ञायते।।

15. वसिष्ठधर्मसूत्र, 3/13-14

16. गौतमधर्मसूत्र, 6/21-22,	चक्रिदशमीस्थानुग्राह्यवधूस्नातकराजभ्यः पथो दानम्। राज्ञा तु श्रोत्रियाय।।

17. आपस्तम्बधर्मसूत्र 2/5/11/5-9,
राज्ञः पन्था ब्राह्मणेनासमेत्य समेत्य तु ब्राह्मणस्यैव पन्थाः।
यानस्य भाराभिनिहितस्यातुरस्य स्त्रिया इति सवर्दाताव्यः।।
वर्णज्यायसां चेतरैर्वर्णैः।
अशिष्टपतितमत्तोन्मत्तानामात्मस्वस्त्ययनार्थेव सर्वैरेव दातव्यः।।

18. वसिष्ठधर्मसूत्र, 13/58-60

19. बौधायनधर्मसूत्र, 1/10/18-19,	अवध्यो वै ब्राह्मणः सर्वापराधेषु। ब्राह्मणस्य ब्रह्महत्यागुरुतल्पगमनसुवर्णस्तेयसुरापानेषु कुसिन्ध-भगशृगालसुराध्वजास्तप्तेनायसा ललाटेऽङ्कयित्वा विषयान्निर्धमनम्।।

20. गौतमधर्मसूत्र, 21/6-10, शतं क्षत्रियो ब्राह्मण कोशे।
अध्यर्थवैश्य ब्राह्मणास्तु क्षत्रियोपंचाशत। तदर्धम् वैश्य।
21. वही, 21/12-14,
22. वही, 13/4,
23. विष्णुधर्मसूत्र, 8/2,
24. गौतमधर्मसूत्र, 15/5,
25. आपस्तम्बधर्मसूत्र, 2/7/17/4
26. गौतमधर्मसूत्र, 9/63, विष्णु धर्मसूत्र, 61/1
27. वसिष्ठधर्मसूत्र, 12/2,
28. गौतमधर्मसूत्र, 17/1-2,
29. वही, 10/9-10,
30. आपस्तम्बधर्मसूत्र, 2/6/15/9-10,
31. वसिष्ठधर्मसूत्र, 3/9-10,
32. वही, 6/26,
33. गौतमधर्मसूत्र, 5/18, समद्विगुणसहस्रानन्त्यानि
फलान्यब्राह्मणश्रोत्रियवेदपारगेभ्य:।।
34. बौधायनधर्मसूत्र, 2/3/15,
35. गौतमधर्मसूत्र, 6/6, 7
36. बौधायनधर्मसूत्र, 2/2/77-78,
37. गौतमधर्मसूत्र, 7/22-24,
38. आपस्तम्बधर्मसूत्र, 2/2/18/2, कृष्ण धान्यं शूद्रान्न ये चान्तेनाश्य सम्मता:।
39. गौतमधर्मसूत्र, 7/25, प्राणसंशये ब्राह्मणोऽपि शस्त्रमाददीत।।
40. बौधायन धर्मसूत्र, 2/2/80, अथाप्युदाहरन्ति। गवार्थे ब्राह्मणार्थ वा वर्णानां वापि संकरे।
गृह्णयातां विप्रविशौ शस्त्रं धर्मव्यपेक्षया।।
41. आपस्तम्बधर्मसूत्र, 1/10/29/7, परीक्षार्थोऽपि ब्राह्मण आयुधं नाददीत।।

42. गौतमधर्मसूत्र, 10/5/6, कृषिवाणिज्ये वाऽस्वयंकृते। कुसीदं च।।

43. वसिष्ठधर्मसूत्र, 2/40, ब्राह्मणराजन्यौ वार्धुषी न दद्याताम अथाप्युदाहरान्ते। समर्धं धान्यमुद्धृत्य महर्घ यः प्रयच्छति। स वै वार्धुषिको नाम ब्रह्मवादिषु गर्हितः। ब्रह्महत्यां च वृद्धिं च तुलया समतोलयत्। अतिष्ठद् भ्रूणहा कोट्यां वार्धुषिः समकम्पत।।

44. आपस्तम्बधर्मसूत्र, 1/9/27/10, अनार्यां शयने बिभ्रद् ददद् वृद्धि कषायपः। अब्राह्मण इव वन्दित्वा तृणेष्वासीत पृष्ठतप्।।

45. बौधायनधर्मसूत्र, 1/5/101, वेदः कृषिविनाशाय कृषिर्वेदविनाशिनी। शक्तिमानुभयं कुर्यादशक्तस्तु कृषिं त्यजेत्।।

46. वही, 2/2/82-83, प्राक् प्रातराशात्कर्षी स्यात्। अस्यूतनासिकाभ्यां समुष्काभ्यामतुदन्नारया मुहुर्मुहुरभ्युच्छन्यदयन्।।

47. वसिष्ठधर्मसूत्र, 2/32-34,

48. गौतमधर्मसूत्र, 1/7/1-14

49. वही, 7/15

50. आपस्तम्बधर्मसूत्र, 1/7/20/14-15, अविहितश्चैतेषां मिथो विनिमयः। अन्तेन चान्नस्य मनुष्याणां च मनुष्यै रसानां च रसैर्गन्धानां च गन्धैविद्याया च विधानाम्।

51. बौधायनधर्मसूत्र, 1/10/18/2

52. वही, 2/4/20, सायं प्रातः सदा सन्ध्यां ये विप्रा नो उपासते। कामं तान् धार्मिको राजा शूद्रकर्मसु योजयेत्।।

❖ ❖ ❖

षष्ठ अध्याय

रामायण में ब्राह्मण

पूर्ववर्ती युगों की भांति रामायण काल में भी ब्राह्मण ही सर्वोच्च प्रतिष्ठित थे। समाज-रचना के चार पायदानों में सबसे ऊँचे पायदान पर ब्राह्मण ही आसीन थे। रामायण काल में भी ब्राह्मणों की उत्पत्ति को विराट पुरुष के मुख से ही स्वीकार किया गया था।[1] हांलाकि यह भी सत्य है, कि परवर्ती युग की कट्टरता का समावेश इस व्यवस्था में नहीं हुआ था, फिर भी यह अवश्य स्वीकार करना होगा कि अपने पूर्ववर्ती रूप की अपेक्षा प्राय: कठोरता से ब्राह्मणों ने अपनी स्थिति को यथावत रखा था। रामायण कालीन समाज का यह विभाजन मात्र श्रम-विभाजन ही था तथा मानव सभ्यता के विकास के लिए श्रेष्ठ माना जाता था, किन्तु फिर भी वर्णों के मध्य एक सुनिश्चित पार्थक्य स्थापित अवश्य हो गया था। इसके साथ ही साथ सभी वर्णों के पृथक-पृथक अधिकार एवं कर्तव्यों को भी सुनिश्चित कर दिया गया था।

रामायण के अध्ययन से पता चलता है, कि अपने पूर्ववर्ती काल में जिस प्रकार की स्थिति ब्राह्मणो की थी अब उससे अधिक लाभप्रद स्थिति में वे आ चुके थे। अध्ययन-अध्यापन, यजन-याजन ही यहां भी ब्राह्मणों के मुख्य कर्तव्य थे। **"ब्राह्मणा वेदपारगाः"** अर्थात् वेदवेत्ता ब्राह्मणों का उल्लेख रामायण में यत्र-तत्र मिलता है। अध्ययन-अध्यापन के साथ ही साथ पौरोहित्य कर्म भी वे किया करते थे। इसका कारण सम्भवत: जीकविकोपार्जन रहा होगा, क्योंकि जब अध्ययन-अध्यापन ब्राह्मणों की जीविका के लिए पर्याप्त ना रह गया होगा तब ब्राह्मणों ने यह अधिकार भी एकमात्र स्वयं के पास रखा होगा। कुछ ब्राह्मण तो कौटुम्बिक पुरोहित बन गए तथा कुछ श्रौत एवं स्मार्त कर्मों में ऋत्विज का काम करने लगे। यह निर्विवाद रूप से

स्वीकार्य है, कि यज्ञ-यागादिक कराने का कार्य एक विशिष्ट वर्ण अर्थात् ब्राह्मणों के एकाधिकार में आ चुका था।

पौरोहित्य कर्म के अतिरिक्त ब्राह्मणों ने राजनीति में भी भाग लिया था। कुछ ब्राह्मण अपने शासक के राजनीतिक परामर्शदाता के रूप में कार्य करने लगे थे। व्यवहार अर्थात् न्याय की व्याख्या करने तथा उसे क्रियान्वित करने में वे राजा की सहायता करते थे। इसका कारण ब्राह्मणों की शिक्षा था। ब्राह्मण मात्र वैदिक कर्मकाण्ड तथा आध्यात्म में प्रवीण नहीं होते थे, अपितु वे राजनीति, कूटनीति, युद्ध कला में भी निष्णात होते थे। फिर चाहे वे राम-लक्ष्मण के गुरु विश्वामित्र हो अथवा लव-कुश को शस्त्र-विद्या सिखाने वाले वाल्मिकी। सभी प्रकार की विद्याओं पर उनका समान अधिकार होता था। ब्राह्मणों को राज-सभा में उपस्थित रहने का अधिकार प्राप्त था। वे राज-पुरोहित और मन्त्रि-पद के लिए सर्वोपयुक्त माने जाते थे। दशरथ की मन्त्रि-परिषद् में वसिष्ठ तथा वामदेव ऋत्विज तथा अन्य ब्राह्मण कूटनीतिक परामर्शदाता थे।

रामायण काल में भी दान या प्रतिग्रह लेने का अधिकार भी एकमात्र ब्राह्मणों को ही प्राप्त था। इस अधिकार ने ब्राह्मणों को आजीविका का एक और द्वार दे दिया था। यदि कोई ब्राह्मण क्षुधा से पीड़ित हो अथवा अपने परिवार का भरण-पोषण करने में असमर्थ हो तब वह दान ग्रहण करने के लिए राजा से सहायता की याचना कर सकता था। कई पुत्रों वाले निर्धन ब्राह्मण त्रिजट की कथा को इस हेतु देखा जा सकता है। स्वाध्याय में निरन्तर संलग्न रहने के कारण यदि कोई ब्राह्मण जीविकोपार्जन से विमुख रहता तो उसे भी राजा से सहायता पाने का अधिकार था।

जीविकोपार्जन के लिए इस काल में ब्राह्मणों को बहुत अधिक छूट प्राप्त थीं। विजातीय वर्ण-धर्म को अपनाने की अनुमति हांलाकि रामायण में नहीं मिलती है। अपितु इसके विपरीत रामायण में कहा गया है, कि स्व-वर्ण धर्म के अतिरिक्त अन्य वर्ण-धर्म अपनाने वाला ब्राह्मण श्वान तथा वृक के समान निकृष्ट है।[2] यज्ञों में दक्षिणा तथा उदार पुरुषों से दान आदि मिलने के अवसर अनिश्चित ही रहते थे तथा उन पर सर्वथा निर्भर रहना भी संभव नहीं था। साथ ही साथ सभी ब्राह्मणों के लिए वर्षों तक अध्ययन करके सांगोपांग वेदवेत्ता बनना भी प्रायः सुगम नहीं था। यही कारण है, कि कई ब्राह्मण परिस्थितिवश अध्यापन, पौरोहित्य तथा दक्षिणा के समत साधनों के अतिरिक्त भी

आजीविका के अन्य मार्गों का आश्रय लिया करते थे। क्षत्रिय तथा वैश्य की वृत्ति स्वीकार करके जीवन-निर्वाह करना उनके लिए सर्वथा वर्जित अथवा निंदित ना था। अयोध्या के आचार्य सुधन्वा अर्थशास्त्र-विशारद तथा युद्ध-कला के निष्णात थे, जिनकी तुलना महाभारत के द्रोणाचार्य से सहज ही की जा सकती है। राम को धनुर्वेद की शिक्षा इन्हीं आचार्य सुधन्वा से मिली थी वनवास में भी राम ने इन्हें श्रद्धा से स्मरण किया था।[3] इसी प्रकार परशुराम तथा अगस्त्य ने ब्राह्मण होते हुए भी क्षत्रिय की भांति शस्त्र-धारण किया था। त्रिजट ब्राह्मण वैश्य की भांति हल तथा कुदाली चलाकर अपना जीविकोपार्जन किया करता था।[4] त्रिजट की यह जीविका हीन दृष्टि से नहीं देखी जाती थी।

रामायण काल में ब्राह्मणों को उनके कर्मानुसार पांच श्रेणियों में विभाजित कर दिया गया था। एक प्रकार की श्रेणी नगरवासी-ब्राह्मणों की होती थी। जो ब्राह्मण नित्यप्रति स्नान, संध्या, जप, होम, अतिथि-देव-पूजा, बलिवैश्वदेव आदि करते थे, तथा बड़े सत्यवादी एवं सदाचारी होते थे, नगरवासी ब्राह्मण की श्रेणी में आते थे। अयोध्या के वर्णन में कहा गया है, कि यहां ऐसे ब्राह्मण निवास करते थे, जो वेदों तथा उनके छहों अंगों में पारंगत होते थे, जो यज्ञ-यागादिक करते रहते थे, जो सद्गुणों से युक्त सत्य-रत महात्मा तथा संत थे, जो सहस्त्रों आशीर्वाद दिया करते थे तथा जो प्राचीन महर्षियों की प्रतिमूर्ति लगते थे।[5]

दूसरी श्रेणी में वनवासी-ब्राह्मण आते थे। इस श्रेणी में ऐसे ब्राह्मण आते थे जो वन में रहकर तपस्या करते, फल-फूल, कन्द-मूल पर निर्वाह करते तथा प्रतिदिन श्राद्ध करते थे। अपने वनवास काल में राम जिन ऋषियों के सम्पर्क में आए थे, वे नदी-किनारे आश्रमों में रहने वाले तथा वैखानस मार्ग का अनुसरण करने वाले मुनिगण थे। संभव है, इसवर्ग में ब्राह्मणेत्तर तपस्वी भी रहे हों।

तीसरी श्रेणी ब्रह्मवादी-ब्राह्मणों की होती थी। ऐसे ब्राह्मण जो वेदान्त का अध्ययन करते तथा अनासक्त रहकर योग तथा सांख्य का चिंतन करते थे, ब्रह्मवादी-ब्राह्मण कहलाते थे। राम को वन में ऐसे अंसख्य ब्राह्मण मिले थे, जो ब्रह्म-तेज से युक्त तथा हठयोग की विभिन्न प्रक्रियाओं में दत्त-चित्त थे।[6] दशरथ ने भी अपने यज्ञ में ऐसे ब्रह्मवादी तथा वेदवेत्ता ऋत्विजों को आमंत्रित किया था।[7]

चौथी श्रेणी शस्त्रोपजीवी ब्राह्मणों की थी। ये ब्राह्मण क्षत्रियों की भाँति शस्त्र-विद्या में निपुण होते थे तथा युद्ध किया करते थे। जो ब्राह्मण गौ-पालन तथा कृषि-कर्म

करके अपना जीविकोपार्जन करते थे वे पांचवी श्रेणी के ब्राह्मण होते थे, इन्हें श्रम-जीवी ब्राह्मण कहा जाता था।

यदि धर्मशास्त्रों से इनकी तुलना करें तो नगरवासी-ब्राह्मणों को वहां देव-ब्राह्मण, वनवासी-ब्राह्मणों को मुनि-ब्राह्मण, ब्रह्मवादी-ब्राह्मणों को द्विज-ब्राह्मण, शस्त्रोपजीवी-ब्राह्मणों को क्षात्र-ब्राह्मण तथा श्रम-जीवी ब्राह्मणों को वैश्य-ब्राह्मण कहा जाता था। इससे एक बात तो स्पष्ट हो जाती है, कि यहां भी ब्राह्मण होने के लिए आनुवंशिकता ही हावी थी अर्थात् जन्मना ही ब्राह्मण स्वीकार किया जाता था। अन्यथा क्षत्रिय अथवा वैश्य वृत्ति करने वाले ब्राह्मण भी क्षत्रिय या वैश्य कहलाते ना कि क्षात्र-ब्राह्मण या वैश्य-ब्राह्मण। अर्थात् ब्राह्मण जीविकोपार्जन के लिए चाहे वृत्ति कोई भी क्यूँ ना अपनाएं वो रहेगा ब्राह्मण ही।

रामायण काल में ब्राह्मणों की स्थिति बहुत श्रेष्ठ थी। हर प्रकार से ये आदरणीय समझे जाते थे। ब्राह्मणों का बहुत आदर सम्मान होता था। ब्राह्मणों को कष्ट पहुँचाना बहुत जघन्य अपराध समझा जाता था। जो भी व्यक्ति ब्राह्मणों को कष्ट पहुँचाता अथवा उनकी सम्पत्ति छीनता उसे कठोर से कठोर दण्ड दिया जाता था, फिर चाहे वह कोई राजपुरुष ही क्यूँ ना हो। कैकेयी से भरत का प्रश्न यही उद्‌घाटित करता हैं। ननिहाल से वापस आकर भरत कैकेयी से प्रश्न करते हैं, कि कहीं राम ने किसी, ब्राह्मण का धन तो नहीं हर लिया था, जिसके कारण उन्हें वन में निर्वसित कर दिया गया हो।[8]

सन्दर्भित काल में ब्राह्मणों की प्रतिष्ठा इस तथ्य से भी उद्‌घाटित हो जाती है, कि दैनिक जीवन में भी ब्राह्मणों को ही प्राथमिकता दी जाती थी। राजकीय शोभा यात्राओं में भी इन्हें ही अग्रज स्वीकार किया जाता था। ब्राह्मणों को ही इन शोभायात्राओं का नेतृत्वकर्ता बनाया जाता था। लंका-विजय के उपरान्त राम जब नन्दिग्राम से अयोध्या तक शोभायात्रा लेकर आए तो उस शोभायात्रा में भी महात्मा वसिष्ठ तथा द्विज जन ही आगे-आगे चल रहे थे।[9]

ब्राह्मणों के प्रति प्रगाढ़ भक्ति रखना तथा उसका प्रदर्शन करना सभी तत्कालीन राजपुरुषों का धर्म समझा जाता था। रामायण के अध्ययन से राम के इसी चरित्र का ज्ञान होता है। यहां राम स्वयुग के ब्राह्मण धर्म एवं संस्कृति के एक अनन्य रक्षक एवं पोषक के रूप में दिखाई पड़ते हैं। यह तथ्य भी महत्वपूर्ण है, कि जिन प्रमुख

विशेषताओं के लिए राम को युवराज पद के लिए सर्वथा उपयुक्त माना गया था उनमें सर्वप्रमुख विशेषता थी वयोवृद्ध विद्वान ब्राह्मणों के प्रति उनकी श्रद्धा तथा भक्ति।[10] लंका में भी जब अशोक-वाटिका में हनुमान, सीता से मिलकर राम परिचय देते हैं, तो वे राम को "ब्राह्मणानाम् उपासक:" ही कहते हैं।[11]

रामायण कालीन राजव्यवस्था में भी ब्राह्मणों को बहुत महत्वपूर्ण स्थान तथा सम्मान दिया गया था। ब्राह्मण को पुरोहित के रूप में राज-व्यवस्था में अहम स्थान प्राप्त था। ब्राह्मणों की महत्ता इससें और अधिक प्रकट हो जाती है जब हमें यह ज्ञात होता है, कि यह पौरोहित्य पद भी परम्परागत हो गया था। उदाहरणार्थ इक्ष्वाकु वंश के परम्परागत पुरोहित वसिष्ठ वंशी ब्राह्मण थे। राजा दशरथ तथा राम दोनों के ही कालों में महर्षि वसिष्ठ ही मुख्य पुरोहित तथा प्रधान मंत्री के पद पर आसीन थे। राजकुल में पुरोहित विशेष सम्मान तथा शिष्टाचार का विशेष पात्र माना गया था।

राजसभा में भी जब कोई ब्राह्मण प्रवेश करता था तब समस्त सभासद खड़े होकर ब्राह्मण का सम्मान करते थे। दशरथ की सभा में भी जब वसिष्ठ आते थे तब स्वयं दशरथ तथा सभासद अपने-अपने सिंहासन तथा आसन से उठकर उनका सम्मान करते थे।[12,13] चित्रकूट में जब राम तथा भरत का मिलन होता है तब राम भी भरत से यही प्रश्न पूछते हैं, कि "उन अत्याधिक तेजस्वी, विद्वान तथा धर्म-रत ब्राह्मण वसिष्ठ का तुम प्रभूत समादर तो करते हो?"[14] यह प्रश्न पूछकर राम भी वसिष्ठ के प्रति अपनी आदर भावना व्यक्त करते हैं।

राजकीय क्रिया-कलापों पर भी पुरोहितों का बहुत प्रभाव था। रामायण की यह उक्ति कि "सभी इक्ष्वाकुओं के लिए पुरोहित ही अन्तिम शरण है, तथा उस सत्यवादी की आज्ञा का उल्लंघन करना संभव नहीं"[15] इस तथ्य को और अधिक स्पष्ट करती हैं। राज-सभा में राजा के उपरान्त सबसे महत्वपूर्ण पुरोहित ही होता था। पुरोहित की महत्ता इतनी होती थी कि उसे राजा का दाहिना हाथ तथा उसका सतत् परामर्शदाता माना जाता था। स्वयं राजा दशरथ की अपने पुरोहित से परामर्श किए बिना कोई भी महत्वपूर्ण कार्य नहीं करते थे। राजा दशरथ के पुत्रेष्टि-यज्ञ का संचालन स्वयं वसिष्ठ ने ही किया था। राम-सीता विवाह के लिए भी दशरथ ने वसिष्ठ से पूर्वानुमति मांगी थी। विवाह समारोह के सर्वे-सर्वा भी गुरु वसिष्ठ ही थे। राम के प्रस्तावित यौवराज्याभिषेक का सारा प्रबन्ध वसिष्ठ के ही सुपुर्द था।

किन्हीं विशेष परिस्थितियों अथवा आपात काल के समय पुरोहित के अधिकार और अधिक बढ़ जाते थे। राम के वन चले जाने पर जब राजा दशरथ का देहान्त हो गया तथा कोसल में कोई राजा नहीं रह गया, तब "राज कर्तार: (सभा के वरिष्ठ सदस्य)" ने वसिष्ठ से ही पथ-प्रदर्शन की अपेक्षा की थी, क्योंकि वही राज-पुरोहित तथा वास्तविक मुख्यमंत्री थे।[16] इस प्रकार पुरोहित को अधिकार था, कि वह राजा की अनुपस्थिति में सभा का विशेष अधिवेशन करे उसमें अध्यक्ष का स्थान ग्रहण करें तथा दिवंगत राजा के उत्तराधिकारी को आमंत्रित कर उसे सिंहासन दे।

वसिष्ठ ने "राज-कर्तार" को आश्वस्त करके भरत को कैकय देश से बुलवाने का तुरन्त प्रबन्ध किया तथा उनके लौटने पर उनसे राज्य स्वीकार करने का आग्रह किया। जब भरत नहीं माने तब वसिष्ठ, राम को लेने जाने के लिए चित्रकूट गए जहां उन्होंने अति महत्वपूर्ण विचार-विमर्श में प्रमुख रूप से भाग लिया।

रामायण के अध्ययन से पता चलता है, कि इस काल में ब्राह्मणों का महत्व तथा प्रभाव बहुत अधिक था। ब्राह्मणों की अप्रसन्नता से सभी घबराते थे। दशरथ ने अनिच्छा रहते हुए भी विश्वामित्र से डरकर सुकुमार तथा अल्पवयस्क राम को उनके सुपुर्द कर दिया था। ब्राह्मणों का महत्व कितना था यह पंचवटी की घटना से स्पष्ट होता है जहां सीता द्विजवेशधारी रावण का स्वागत करने पर मात्र इसलिए विवश हो गई थी, क्योंकि वह ब्राह्मण-वेश धारण किए था। सीता यह सोचतीं है, कि यदि वह इस अतिथि ब्राह्मण से नहीं बोलेगीं तो वह क्रोधित होकर श्राप दे देगा।[17] सुमन्त्र द्वारा कैकेयी को दी गई चेतावनी भी ब्राह्मण के महत्व तथा उसकी स्थिति को स्पष्ट करती है। समुन्त्र कैकेयी से कहते हैं, कि यदि तुम भरत को राज्य दिलाने का दुराग्रह करोगी तो कोई भी ब्राह्मण तुम्हारे राज्य में नहीं रहेगा।[18]

उत्तरकाण्ड के समय में तो ब्राह्मणों की स्थिति तथा प्रभाव में और अधिक वृद्धि हो जाती हैं। न्याय के क्षेत्र में भी अब उनके साथ पक्षपात होने लगा था तथा उन्हें विशेष अधिकारी वर्ग मान लिया गया था। निम्न-वर्णों से उनके हितों की रक्षा के लिए विशेष विधि नियम बनाए जाने लगे थे। ब्राह्मण के प्रति किए गए अपराधों को जघन्य अपराधों की श्रेणी में रखा जाने लगा था तथा अपराधी के लिए कठोर दण्डों की व्यवस्था मिलती है। ब्राह्मण की सम्पत्ति का हरण करने वाला अथवा मन से भी उसके अधिकारों को छीननेवाला घोर नरक का भागी माना जाने लगा था। जो व्यक्ति

ब्राह्मण को कोई वस्तु दान में देकर उसे वापस ले लेता तो उसका बन्धु-बांधवों सहित समूल नाश हो जाता था ऐसी मान्यता प्रबल होने लगी थी। यदि ब्राह्मण दोषी हो तो भी उसे प्राणदण्ड नहीं दिया जा सकता था।[19]

ब्राह्मणों के लिए रथ भी विशेष होते थे। जिन रथों पर ब्राह्मण चला करते थे उन्हें ब्रह्म-रथ कहा जाता था। यह कथा भी आती है, कि राम को यौवराज्याभिषेक की दीक्षा देने के लिए महर्षि वसिष्ठ ब्राह्मणों के योग्य एक उत्तम रथ में बैठकर उनके महल तक गए थे।[20] यह रथ इतना विशेष हुआ करता था कि लोग दूर से देखकर ही यह जान लेते थे, कि ब्राह्मण आ रहे हैं। जब महर्षि वसिष्ठ का रथ राज-प्रासाद तक पहुंचा तब राम भी दूर से देखकर ही यह समझ गए थे, कि मुनिश्रेष्ठ वसिष्ठ आ रहे हैं। स्पष्ट है, कि इन रथों में कुछ ऐसे विशेष पहचान चिन्ह होते थे जिन्हें देखकर सहज ही यह अनुमान लगाया जा सकता था, कि अमुक रथ किसी ब्राह्मण का था। यह अस्वाभाविक नहीं जान पड़ता, कि ब्राह्मणों की प्रतिष्ठा में वृद्धि होने पर समाज उन्हें विशेष सुविधाएं तथा अधिकार देने लगाा था।

ब्राह्मणों को गौओं तथा राजाओं की भांति परम पवित्र माना जाता था।[21] ब्राह्मणों के हितों तथा सुरक्षा के लिए बड़े-बड़े युद्ध हो जाया करते थे। कहने की आवश्यकता नही कि उस समय ब्राह्मणों को राष्ट्रीय सम्पत्ति की भांति सहेज कर रखा जाता था। उत्तरकाण्ड में तो ब्राह्मणों की एकरूपता वेदों के साथ बताई गई हैं।[22] ब्रह्महत्या को अधमतम अपराध माना जाता था। जिससे पाप मुक्ति का एक मात्र उपाय अश्वमेध यज्ञ था। धनुष प्रकरण में राम ने परशुराम पर अपना अमोध बाण मात्र इसलिए नहीं चलाया था क्योंकि वे ब्राह्मण थे।[23] दशरथ से भी जब जानवर के धोखे में ध्वनि-बाण से अंधमुनि के पुत्र की हत्या हो जाती है, तब उन्हें यह सोचकर मार्मिक वेदना हुई कि कहीं, उनसे किसी ब्राह्मण-कुमार की हत्या तो नही हो गई क्योंकि ऐसे में जघन्य ब्रह्म-हत्या का पाप उन्हें लगता।[24]

सन्दर्भ-सूची

1. रामायण, 3/14/30, मुखतो ब्राह्मणा जाता उरसः क्षत्रियास्तथा।
   उरुभ्यां जज्ञिरे वैश्याः पद्भ्यां शूद्राः इति श्रुतिः।।
2. रामायण, 7/26/33, या संज्ञा विहितालोके दासे शुनि वृके पशौ।
   विकर्मणि स्थिते विप्रे सैव संज्ञा च पाण्डव।।

3. वही, 2/100/14, इष्वस्त्रवरसम्पन्नमर्थशास्त्रविशारदम्।
सुधन्वानमुपाध्यायं कच्चित्वं तात मन्यसे।।
4. वही, 2/32/30, तत्रासीत् पिंगलो गार्ग्यस्त्रिजटो नाम वै द्विजः।
क्षतवृत्तिर्वनेनित्यं फाल कुद्दाललांगली।।
5. वही, 1/5/23, तामग्निमद्भिर्गुणवद्भिरावृतां द्विजोत्तमैर्वेदषडंगपारगैः।
सहस्रदैः सत्यरतैर्महात्मभिर्महर्षिकल्पैर्ऋषिभिश्च केवलैः।।
6. वही, 3/6/6, सर्वे ब्राह्मया श्रिया युक्ता दृढयोगसमाहिताः।।
7. वही, 1/12/4-5, ब्रह्मणान् वेदपारगान्।
सुमन्त्रावाहय क्षिप्रमृत्विजो ब्रह्मवादिनः।।
8. वही, 2/72/44-45, कच्चिन्न ब्राह्मणधनं हृतं रामेण कस्यचित्।
कस्मात्स दण्डकारण्ये भ्राता रामो विवासितः।।
9. वही, 6/128/38, द्विजाः........ रामस्य पुरतो ययुः।।
10. वही, 2/2/33, बहुश्रुतानां विद्वानां ब्राह्मणानामुपासिता।।
11. वही, 5/35/13
12. वही, 2/5/23, तमागतमभिप्रेक्ष्य हित्वा राजासनं महत्।।
13. वही, 2/5/24, सभासदः......... आसनेभ्य समुत्तस्थुः पूजयन्तः पुरोहितम्।।
14. वही, 2/100/9, स कश्चिद् ब्राह्मणो विद्वान् धर्मनित्यो महाद्युतिः।
इक्ष्वाकूणामुपाध्यायो यथावत्तात पूज्यते।।
15. वही, 1/58/3, इक्ष्वाकूणां हि सर्वेषां पुरोधाः परमा गतिः।
न चातिक्रमितुं शक्यं वचनं सत्यवादिनः।।
16. वही, 2/67/4, एते द्विजाः सहामात्यैः पृथग्वाचमुदीरयन्।
वसिष्ठमेवाभिमुखाः श्रेष्ठं राजपुरोहितम्।।
17. वही, 3/47/2, ब्राह्मणश्चातिथिश्चैष अनुक्तो हि शपेत माम्।
इति ध्यात्वा मुहूर्तं तु सीता वचन मब्रवीत्।।
18. वही, 2/35/11, न च ते विषये कश्चिद् ब्राह्मणो वस्तुमर्हति।
तादृशं त्वममर्यादमद्य कर्म करिष्यसि।।

19.	रामायण, 7/59/49-51,	ब्राह्मणद्रव्यमादत्ते देवतानां च राघव। सद्यः पतति घोरे वै नरके वीचिसंज्ञके। मनसापि हि देवस्वं ब्रह्मस्वं च हरेत्तु यः। निरयान्निरयं चैव पतत्येव नराधमः।।
	वही 7/59/48-49,	ब्रह्मस्वं देवताद्रव्ये........ दत्तं हरति यो भूय इष्टैः सह विनश्यति।।
	वही, 7/59/34,	अवध्यो ब्राह्मणो दण्डैरिति शास्त्रविदो विदुः।।
20.	वही, 2/5/4,	ब्राह्मं रथवरं युक्तमास्थाय स द्विजोत्तमः।
21.	वही, 2/24/21, 1/26/5	
22.	वही, 7/109/8,	वेदा ब्राह्मणरूपेण।।
23.	वही, 1/76/6,	ब्राह्मणोऽसिति पूज्यो में......तस्माच्छक्तो न ते रामं मोक्तुं प्राणहरं शरम्।।
24.	वही, 2/63/50,	ब्रह्महत्या कृतं पापं हृदयादपनीयताम्। न द्विजातिरहं राजन् मा भूत्ते मनसि व्यथा।।

❖ ❖ ❖

सप्तम अध्याय

महाभारत में ब्राह्मण

महाभारत में वर्णोत्पत्ति का दैवी सिद्यान्त स्वीकार किया गया है।[1] चारों वर्णों की उत्पत्ति को परमपुरुष के अंगों से ही माना गया है।[2] कृष्ण स्वयं कहते है, कि उन्होंने ही चारों वर्णों की उत्पत्ति की है।[3] वर्णोत्पत्ति के साथ ही साथ कृष्ण ने चारों वर्णों के द्वारा सम्पादित किए जाने वाले कर्मों को भी निश्चित किया है।[4] वर्णों की उत्पत्ति के इस दैवी सिद्यान्त को स्वीकार करने के पीछे संभवतः यह कारण रहा होगा कि सभी लोग स्ववर्ण-धर्म को ईश्वर द्वारा निर्धारित मानकर श्रद्धा पूर्वक उनका अनुसरण करे जिससे समाज का सम्यक् संचालन हो सके।

इसके साथ ही साथ आर्थिक कारणों ने भी इस विभाजन में महत्वपूर्ण भूमिका निभाई थी। उपादन के लिए श्रम के विभाजन की आवश्यकता अवश्य ही आभासित हुई होगी। सभी कार्यों का एक व्यक्ति या व्यक्ति समूह से होना सम्भव नहीं था, फलतः समाज में श्रम-विभाजन हुआ। आरम्भ में यह रूढ़ नहीं था, परन्तु धीरे-धीरे ऐसे लोगों के समूह बनने लगे जो विशेष प्रकार का व्यवसाय करते थे। विद्वान, तपस्वी, ज्ञानी, धार्मिक कर्मकाण्ड का सम्पादन करने वाले तथा वेदमन्त्रों के द्रष्टा-ब्राह्मण कहलाए। यह वह वर्ण था, जो आध्यात्मिक चिन्तन ज्ञान के प्रसार एवं संरक्षण में लगा था। महाभारत में स्पष्टतः यह कहा गया है, कि आरम्भ में समाज के केवल ब्राह्मण ही थे, तदुपरान्त अपने कर्तव्यों की भिन्नता के कारण वे कईं वर्णों में विभक्त हुए।[5]

महाभारत में यह भी कहा गया है, कि वर्णोत्पत्ति में मनुष्य के स्वभाव एवं गुणों का भी मुख्य योगदान रहा है। उसमें अपने निजी गुण और विचार सन्निहित रहते हैं, जिनके द्वारा वह प्रगति करता हैं। उनके गुणों को सत्व, रज एवं तम में विभक्त किया

गया है, गया है, जो उनमें स्वाभाविक रूप से होते हैं।[6] सत्व गुण निर्मल एवं दोष रहित होता है। इससे सुख एवं ज्ञान दोनों की प्राप्ति होती हैं। जिसमें सत्वगुण क़ी प्रधानता होती है, वही ब्राह्मण है।

महाभारत में ब्राह्मणों के वर्ण-धर्म का इस प्रकार खुल के विवेचन किया गया है, जिससे इस काल के ब्राह्मणों की स्थिति बहुत अधिक स्पष्ट हो जाती हैं। परमपुरुष के मुख से उत्पन्न मानकर ब्राह्मण की श्रेष्ठता एवं विशिष्टता को महत्वपूर्ण माना गया है। ब्राह्मण की सर्वोच्चता और महानता भूमिचर देवता के रूप में थी।[7] मुख्य रूप से विद्यार्जन, अध्यापन, दानग्रहण करना, यज्ञ करना आदि को ही ब्राह्मण के प्रमुख कर्म के रूप में स्थापित किया गया था। स्पष्ट है, कि धर्मसूत्रों की ही भांति यहां भी कमोवेश वही स्थिति ब्राह्मणों की बनी हुई थी। उद्योग पर्व में कहा गया है, कि स्वाध्याय में तत्पर रहना ब्राह्मणों का मुख्य धर्म है, यज्ञ करना उनका सनातन धर्म है तथा यथाशक्ति दान देना प्रशस्त धर्म है।[8] वेद-वेदांगों तथा अन्य शास्त्रों का अध्ययन एवं अध्यापन ब्राह्मण का सर्वश्रेष्ठ धर्म एवं विशिष्ट कर्म माना गया है तथा वेदाध्ययन रहित ब्राह्मण शूद्रवत् माना गया हैं। ब्राह्मण त्रयी अर्थात् वेदत्रयी का ज्ञाता है फलतः उसे त्रिशुक्रीय या त्रिशुक् कहा गया है। स्वाध्यायादि गुणों से रहित ब्राह्मण निम्नकोटि का समझा जाता था एवं ऐसी स्थिति में उसे दान लेने तथा सम्मानित होने के भी अयोग्य समझा जाता था।[9]

महाभारत में अध्यापन को ब्राह्मण का मुख्य धर्म बताया गया है। यह भी कहा गया है, कि पहले तो ब्राह्मण को चाहिए कि श्रेष्ठ ज्ञान का अर्जन करे तदनन्तर स्वार्जित ज्ञान को मात्र अपने तक ही सीमित ना रखें अपितु समाज के जिज्ञासु एवं सुपात्र लोगों में उसका प्रचार-प्रसार भी करे। ज्ञान का संरक्षक-संवर्द्धक होने के कारण ब्राह्मण अध्यापन का कार्य भी प्रमुख रूप से करते थे। स्पष्ट है, कि अध्ययन-अध्यापन उस काल में भी ब्राह्मणों के सर्व प्रमुख कर्तव्य हुआ करते थे। शुक्र, बृहस्पति, धौम्य, व्यास, अगस्त्य, कण्व, द्रोण इत्यादि ऐसे ही विख्यात आचार्य थे जो प्रकाण्ड विद्वान एवं उतने ही प्रख्यात अध्यापक भी थे।

यजन-याजन ब्राह्मणों का दूसरा महत्वपूर्ण कर्म हुआ करता था। स्वयं की उन्नति एवं मनोकूल कामनाओं की प्राप्ति के निमित्त यज्ञ करना तथा दूसरों के लिए यज्ञ करवाना उनका धर्म था।[10] महाभारत में स्पष्टतः कहा गया है, कि ब्राह्मणों में

यज्ञ-प्रतिष्ठित है तथा उनके शरीर में देवताओं का वास हैं।[11] आगे कहा गया है, कि ब्राह्मणों द्वारा यज्ञ सम्पादित करवाकर ही विभिन्न देवी-देवताओं को प्रसन्न किया जा सकता है।[12] यज्ञों के सम्पादन के लिए ब्राह्मण को अनिवार्य तत्व माना गया है। यद्यपि वेद वेदांग आदि का स्वाध्याय सभी द्विजातीय कर सकते थे, किन्तु महत्वपूर्ण तथ्य यह था, कि क्षत्रिय एवं वैश्य पौरोहित्य के अधिकारी नहीं थे।[13]

महाभारत में ब्राह्मणों की स्थिति कितनी उच्च एवं महत्वपूर्ण थी इसका अनुमान उस उल्लेख से सहज ही हो जाता है जहां ऐसे अनेक राजाओं के नाम दिखाई देते हैं जिन्होंने ब्राह्मण पुरोहितों से यज्ञ करवाए थे। उदाहरणार्थ द्रुपद ने, पुरोहित की सहायता से[14] वृहद्युम्न ने पर्वावसु एवं परासुव से[15] मरूत ने सवंर्तन[16] से, शर्याति ने च्यवन से[17], सूर्यवंशी क्षत्रियों ने वसिष्ठ से एवं देवताओं ने बृहस्पति तथा दानवों ने शुक्राचार्य से यज्ञ करवाए थे।

यज्ञ करवाने वाले पुरोहित योग्य हैं, अथवा नहीं यह भी बहुत महत्वपूर्ण एवं विचारणीय बात होती थी। एक योग्य पुरोहित को खोजा जाता था, फिर परीक्षण के उपरान्त ही उसे पौरोहित्य दिया जाता था। आदि पर्व से पता चलता है, कि पाण्डवों ने पर्याप्त परीक्षण के उपरान्त ही धौम्य को अपना पुरोहित नियुक्त किया था तथा फिर उनसे अनेक यज्ञ सम्पन्न करवाए थे।[18] जनमेजय ने भी श्रुतश्रवा के पुत्र सोमश्रवा को अपना पुरोहित बनाकर यज्ञ करवाया था।[19]

यज्ञ सम्पादित करने से ब्राह्मणों को लाभ हुआ करते थे। उन्हें यज्ञों में प्रभूत दान मिला करता था, जिससे उनकी जीविका चलती थी। यह पुरोहित वर्ग ज्योतिष शकुन-अपशकुन, दण्डनीति, आदि में भी प्रवीण होते थे फलतः उनके प्रभाव में वृद्धि होना स्वाभाविक ही था।

दान का दर्शन भी बहुत ही महत्वपूर्ण था। इस दर्शन के अनुसार हम जो अर्जित करते हैं, वह हमारे लिए ही नही, अपितु दूसरों के लिए भी हैं। स्वार्जित सम्पत्ति का कुछ भाग दूसरों को भी देने का परामर्श दिया गया है। ब्राह्मण यज्ञ करवाता था तथा जीविका के लिए वह प्रायः दान पर ही निर्भर करता था। ब्राह्मण का वर्ण-धर्म दान लेना भी है, तथा देना भी। स्पष्ट तौर पर यह बताया गया है, कि उसका धर्म यह भी है, कि वह दूसरों से दान ग्रहण करें। दान के ऐसे अवसर विशेषकर यज्ञ होते थे, जिनमें ब्राह्मणों को राजा लोग दक्षिणा के रूप में भूमि, पशु, स्वर्ण, अन्न, वस्त्र, पात्र,

दास-दासियाँ आदि देते थे।[20] महाभारत में विभिन्न प्रकार के दानों के महत्व बताए गए हैं, जिनसे इस जीवन में सुख मिलता है, तथा परलोक में स्वर्ग या मोक्ष की प्राप्ति होती हैं।

हांलाकि कहीं-कहीं दान ग्रहण करने को अच्छा नहीं बताया गया हैं। कहा गया है, कि दक्षिणा लेने से लोभ बढ़ता है इसलिए दान ग्रहण करना नीच कर्म हैं। इससे ब्राह्मण के तप, तेज एवं यश का नाश होता है।[21] विश्वामित्र भी कुछ इसी प्रकार का मत प्रकट करते हैं। वे कहते हैं कि जीवन-रक्षा के निमित्त दान लेने की अपेक्षा कुत्ते के मांस-पिण्ड की चोरी करना श्रेयस्कर होता है।[22] अष्टक-ययाति सम्वाद से भी यह विदित होता है, कि प्रतिग्रह अथवा दान नहीं लेना चाहिए।[23] जीवन-यापन में कठिनाई होने पर भी ब्राह्मण शिलोंच्छवृत्ति के द्वारा ही जीवन यापन करें परन्तु दान ना ले। ऐसा कर ही वह अपने तप-तेज तथा यश को सुरक्षित रख सकता है।[24] यदि ब्राह्मण दान लेता भी है, तो वह संग्रह के लिए नहीं वरन् परोपकार के लिए होना चाहिए।[25] वास्तव में तप ही ब्राह्मण का धन है। जो ब्राह्मण लौकिक धन का लोभ करता है, उसका तप रूपी धन नष्ट हो जाता है।[26] और्व के पितृों ने भी उनको यही परामर्श दिया था कि स्वर्गलोक की कामना करने वाले ब्राह्मणों को धन से भला क्या काम हैं?[27]

यहां महत्वपूर्ण यह है, कि दान-ग्रहण का यह निषेध व्यावहारिक कतई नहीं था। यद्यपि तपस्वी एवं कीर्तिमान ब्राह्मणों के लिए दान देना निषिद्ध माना गया है, तथापि व्यवहार में यह प्रचलित नहीं था, क्योंकि बहुत से तपस्वी ब्राह्मण भी राजाओं से दक्षिणा मांगते थे।

महाभारत में स्पष्टतः यह कहा गया है, कि यदि दान देना हो, तो किसी विद्वान, तपस्वी एवं त्यागी ब्राह्मण का दिया जाना चाहिए। मूख, अयोग्य तथा भ्रष्ट ब्राह्मण दान प्राप्ति के पात्र कदापि नहीं होते।[28] जनमेजय इच्छा के विरुद्ध भी आस्तीक को दान देने के लिए प्रस्तुत थे।[29] दान देते समय पात्र की योग्यता पर अवश्य विचार करना होता था। स्पष्ट है, कि महाभारत काल में ब्राह्मण की योग्यता बहुत महत्वपूर्ण होती थी।

महाभारत काल में ब्राह्मणों को बहुत अधिक महत्ता प्राप्त थी तथा उनकी सामाजिक स्थिति सर्वोच्च थी। शान्ति पर्व में स्पष्ट कहा गया है, कि ब्राह्मण कुल में जन्म लेने से ही ब्राह्मण पूजनीय होता है।[30] कहा गया है कि सभी प्राणियों का

जन्म से ही कर्म निश्चित हैं।[31] यह जन्मगत वर्ण-धर्म किसी भी अवस्था में परित्याज्य नहीं होता हैं।[32]

सब प्राणियों को मित्र स्वरूप देखना, दान, अध्ययन, तपस्या आदि करना ही ब्राह्मण का कर्म हैं। तथा ये सब कर्म जन्म से ही निश्चित होते थे।[133] इस सन्दर्भ में व्यास-शुक संवाद बहुत महत्वपूर्ण हैं। व्यासदेव अपने पुत्र शुकदेव को उपदेश देते हुए कहते हैं, कि बहुत से जन्मों के सुकर्मों के फलस्वरूप ही प्राणी ब्राह्मण कुल में जन्म लेता हैं। ऐसे दुलर्भ ब्राह्मण जन्म को अवहेलना से नष्ट करना उचित नहीं हैं, विषय भोगों के लिए ब्राह्मण कुल में जन्म नहीं होता। वेदाध्ययन, तपस्या आदि ब्राह्मण सन्तान का कर्त्तव्य कर्म हैं। यहां यह भी देखा जा सकता है, कि शुकदेव जन्म के द्वारा ही ब्राह्मण कहलाए थे।[34]

महाभारत युगीन समाज में ब्राह्मण की प्रतिष्ठा उसके त्याग एवं तपस्या के कारण थी। अपने ज्ञान एवं बुद्धि के बल पर वह ना सिर्फ द्विजों को शिक्षित ही करता था, अपितु उनके बौद्धिक उत्कर्ष का भी महत्वपूर्ण अवलम्ब होता था तथा धार्मिक अनुष्ठानों एवं यज्ञों को सम्पन्न करके वह समाज की मंगल कामना करता था दैवी आपदाओं तथा बाधाओं से समाज की रक्षा करता था। उसकी सेवाएं अत्यन्त महत्वपूर्ण थीं। समाज का सांस्कृतिक एवं आध्यात्मिक उत्कर्ष उसी की सेवाओं के कारण था।

अपने विभिन्न उच्चस्तरीय कार्यों के कारण ब्राह्मण समाज का सबसे महत्वपूर्ण अंग बन चुका था। इसी के चलते अनेकानेक विशेषाधिकार भी उसे प्राप्त थे। ब्राह्मण अवध्य था, अर्थात् उसका वध नहीं किया जा सकता था।[35] साथ ही साथ ब्राह्मण से कर भी नहीं लिया जाता था।[36] यहां महत्वपूर्ण तथ्य यह है, कि स्वधर्म च्युत ब्राह्मण की घोर निन्दा महाभारत में की गई हैं। कहा गया है, कि वेदज्ञान से शून्य तथा शास्त्र-ज्ञान से रहित ब्राह्मण काष्ठहस्ती या अचर्ममृग या पुरुषत्वहीन अथवा पंखविहीन पक्षी या फिर अग्निहीन ग्राम अथवा जलरहित कुएं के सदृश था।[37] वर्ण विपरीत कार्य करने वाले ब्राह्मण को शूद्र से भी निम्न मानकर उसकी निन्दा की गई है।[38] ब्राह्मणों के लिए तो वेदाध्ययन एवं तपश्चर्या ही अत्यन्त महत्वपूर्ण थी।[39]

महाभारत का अध्ययन बताता है, कि उस काल का ब्राह्मण श्लाघा तथा वांछा से रहित होता था, अतएव उसे धन संग्रह नहीं करना चाहिए।[40] स्वाध्याय एवं तप रहित ब्राह्मण के लिए दान प्राप्त करने का कोई विधान नहीं था।[41] ब्राह्मण में शम,

दम, तप, शौच, क्षान्ति, आर्जव, ज्ञान, विज्ञान, आस्तिक्य आदि गुणों का होना वांछनीय था।[42] गायत्री मंत्र से अनवगत तथा सत्कर्मों से हीन ब्राह्मण शूद्र के समान था।[43] हांलाकि ऐसे भी कई आख्यान महाभारत में मिलते हैं, जहां विजातीय वर्ण-धर्म अपनाने के साक्ष्य दिखाई पड़ते हैं। ऐसे अनेक उदाहरण महाभारत में सहज ही देखे जा सकते हैं, जहां लोग अपनी सुविधानुसार अथवा आवश्यकतानुसार दूसरे वर्णों के कार्यों को अपना लेते थे। ब्राह्मण भी ऐसा ही किया करते थे। यही कारण है, कि इस काल में ब्राह्मणों को कई श्रेणियों में बांट दिया गया था। प्राय: ये श्रेणियां छ: प्रकार की थी। ब्रह्मसम, देवसम, शूद्रसम, चाण्डालसम, क्षत्रसम, तथा वैश्यसम। ये छ: प्रकार की श्रेणियां थीं जिनमें ब्राह्मणों का विभाजन कर दिया गया था।

महाभारत में ब्राह्मणों की स्थिति का अध्ययन करें तो ये वर्ग स्पष्ट दिखाई पड़ते हैं। द्रोणाचार्य, अश्वथामा कृपाचार्य ऐसे ब्राह्मण थे जिन्होंने क्षात्रधर्म का पालन किया। वैश्यकर्मा ब्राह्मण भी दिखाई देते हैं, जिन्होंने कृषि, पशुपालन को ही अपने जीविकोपार्जन का साधन बनाया।[44] व्यापार-वाणिज्य करने वाले ब्राह्मण भी बहुत मिलते हैं।[45] गौरतलब यह है, कि महाभारत में प्राय: धर्म च्युत ब्राह्मणों को निन्दनीय माना गया है।[46] चौरकर्मा, नटकर्मा, नर्तककर्मा, जैसे ब्राह्मणों को तो अत्यन्त निम्न मानकर उन्हें शूद्रसम तथा चाण्डालसम घोषित किया गया था।[47] इन उद्धरणों से यह तो स्पष्ट है, कि महाभारत महाकाव्य में ऐसे अनेक ब्राह्मणों के दृष्टान्त उपलब्ध है, जो आपात काल में विभिन्न विजातीय वर्ण-धर्मों को अपना लेते थे।

वस्तुत: महाभारत महाकाव्य में ब्राह्मणों की स्थिति कमोवेश वही, सर्वोच्च प्रतिष्ठित थी। अनुशासन पर्व से पता चलता है, कि ब्राह्मणों को जन्मना ही अन्यान्य वर्णों का गुरु माना जाता था।[48] कहा गया है, कि ब्राह्मण कुल में उत्पन्न दस वर्ष का बालक भी सौ साल के क्षत्रिय के पितातुल्य होता हैं।[49] अनुशासन पर्व में ही यह भी कहा गया है, कि पशुपक्षी आदि के रूप में अनेको बार जन्म लेकर प्राणी मनुष्य योनि में सबसे पहले चाण्डाल के रूप में जन्म लेता है। तदनन्तर क्रमश: अच्छे कर्मों को करता हुआ शूद्र, वैश्य, क्षत्रिय तथा अन्त में ब्राह्मण कुल में जन्म पाता हैं।[50]

ब्राह्मण बालक हो अथवा दरिद्र किसी का तिरस्कार नहीं किया जाना चाहिए।[51] बालक से लेकर वृद्ध तक हर ब्राह्मण आदर-सम्मान के योग्य है। ब्राह्मण विद्वान हो अथवा मूर्ख हर अवस्था में पूज्य होता हैं। अग्नि का जिस प्रकार असंस्कृत होते हुए

ही महात्म्य नष्ट नहीं होता, उसी प्रकार ब्राह्मण भी चाहे जैसी अवस्था में क्यूँ न हो, उसकी जन्मगत विशेषता नष्ट नहीं होती।[52]

इसी सन्दर्भ में यह भी देखा जा सकता है, कि ब्राह्मण चाहे जो भी वृत्ति कर रहा हो उसे फिर भी ब्राह्मण ही समझा जाता था। क्षत्र-ब्राह्मण, वैश्य-ब्राह्मण आदि शब्द इसके प्रमाण हैं। अश्वथामा क्षत्रिय-वृत्ति करते थे किन्तु फिर भी ब्राह्मण ही माने जाते थे। भीम भी इसी कारण उनका वध नहीं करते।[53] द्रोणाचार्य का वध करने के कारण धृष्टद्युम्न को धिक्कारते हुए सात्यकि उसे कहते हैं, कि तुमने ब्राह्मण का वध किया हैं, अतः तुम्हारा मुख देखना भी पाप हैं।

द्रोणाचार्य भी ब्राह्मण की निर्दिष्ट वृत्ति से जीविकोपार्जन नहीं करते थे, वरन् अति रूद्रकर्मा क्षत्रिय की तरह ही रहते थे, तब भी उन्हें ब्राह्मण ही कहा गया है।[54] वनवास काल में असह्य दुख से अधीर होकर भीम के दुर्योधन को युद्ध के लिए ललकारने पर युधिष्ठिर ने उन्हें समझा बुझा कर युद्ध रोकना चाहा। इस पर भीम ने क्रुद्ध होकर कहा कि आपकी दया तो ब्राह्मणों के लिए उचित है, क्यों आपने क्षत्रिय कुल में जन्म लिया। क्षत्रिय कुल में तो प्रायः क्रुर बुद्धि पुरुष ही जन्म लेते हैं। यहां महत्वपूर्ण यह हैं कि युधिष्ठिर में ब्राह्मणोचित गुण थे यह बात तो भीम भी करते है, किन्तु फिर भी उन्हें क्षत्रिय ही कहते हैं ना, कि ब्राह्मण।[55] स्पष्ट है, कि ब्राह्मण होने के लिए जन्म ही महत्वपूर्ण था कर्म नहीं।

ब्राह्मण कुल में जन्म लेकर क्षात्रधर्म का अवलम्बन लेने के कारण अश्वत्थामा ने अपने भाग्य को धिक्कारते हुए शिष्ट पुरुषों के अधर्म आचरण के लिए खेद प्रकट किया था।[56]

वस्तुतः महाभारत महाकाव्य में ब्राह्मणों की स्थिति उच्च थी। अध्ययन-अध्यापन, यजन-याजन, दान देना दिलाना आदि ब्राह्मणों के मुख्य कर्तव्य थे।[57] विद्या के क्षेत्र में ब्राह्मणों का नेतृत्व तथा कर्तव्य सबसे अधिक महत्वपूर्ण था। धर्म, तप, त्याग आदि ब्राह्मणों की प्रभुता के प्रमुख कारण थे। महाभारत में कहा गया है, कि ब्राह्मणों की सृष्टि विधाता के मुख से हुई है, इसलिए वे वाणी विशारद होते हैं।[58] ब्राह्मण को भूमि का देवता भी बताया गया है। ब्रह्मा जी ने उन्हें सब लोगों की रक्षा के लिए उत्पन्न किया हैं। सदा तप करना ही ब्राह्मण धर्म है। विधाता ने पूर्व काल में धर्म का अनुष्ठान करने के लिए ही अपने तपोबल से ब्राह्मण को उत्पन्न किया था।

इन्द्रियसंयम व्रत का आचरण करना ब्राह्मण का सतत् धर्म हैं। व्रत के पालन पूर्वक उपनयन-संस्कर का होना उसके लिए परमावश्यक है, क्योंकि वह उसी से द्विज होता हैं। गुरु एवं देवताओं की पूजा तथा स्वाध्याय तथा अभ्यासरूप धर्म का पालन ब्राह्मण को अवश्य करना चाहिए। वेदों का स्वाध्याय, यज्ञ एवं दान ब्राह्मण का धर्म है, यह शास्त्र का निर्णय हैं। वेदों का अध्यापन, यजमान का यज्ञ कराना तथा दान लेना आदि उसकी जीविका के साधनभूत माने जाते थे।[59] सत्य, मनोनिग्रह, तप और शौचाचार का पालन ब्राह्मण का सनातन धर्म माना गया था।[60]

महाभारत में ब्राह्मण को ही वेदाध्यापन, यज्ञ एवं होम करने का एकमात्र अधिकारी बताया गया हैं।[61] कहा गया है, कि यदि ब्राह्मण अच्छी प्रकार वेद पढ़े हो अथवा नहीं, उत्तम संस्कारों से युक्त हों अथवा प्राकृत मनुष्यों की भांति संस्कार शून्य हों, उनका अपमान नहीं करना चाहिए। क्योंकि वे राख में छिपी हुई अग्नि के समान है। जैसे प्रज्ज्वलित अग्नि श्मशान में भी दूषित नहीं होती उसी प्रकार ब्राह्मण विद्वान हो या अविद्वान उसे महान देवता ही समझना चाहिए।[62] ब्राह्मण की सेवा शुश्रूषा एवं पूजन से मनुष्य को मोक्ष की प्राप्ति होती है। यहां तक कि अनुशासन एवं दण्ड से भी उन्हें मुक्त रखा जाता था।[63]

महाभारत के अध्ययन से एक महत्वपूर्ण तथ्य यह भी उभर कर सामने आता है, कि जो भी सुख सुविधाएं ब्राह्मणों को दी जाती थी, वह मात्र उनकी साधना, यज्ञ, तप एवं ज्ञान के कारण उन्हें प्रदत्त थीं। वे सदैव सदाचार में संलग्न रहते तथा समाज जब भी कभी अज्ञान के अन्धकार में ध्वस्त होता दीखता तब ब्राह्मण ही उसे ज्ञान का प्रकाश दिखलाकर सन्मार्ग की ओर अग्रसर करते थे। ब्राह्मण ना तो स्वयं धनोपार्जन करते थे तथा ना ही ऐसा उपेदश देते थे। समाज निरन्तर बौद्धिक उन्नति प्राप्त करे यही ब्राह्मणों का प्रथम एवं अन्तिम ध्येय होता था।

ब्राह्मण जहां अपने सद्गुणों के कारण प्रशंसनीय एवं विशेषाधिकारी होता था, तो वहीं यदि वह दुगुर्णी है उसके लिए निन्दनीय भी माना जाता था।[64] वर्ण व्यवस्था जिस प्रकार रूढ़ होती जा रही थी, विजातीय वर्ण-धर्मों को अपनाना उतना ही बुरा माना जाने लगा था। वर्ण विरुद्ध कर्म करने वाले ब्राह्मणों को शूद्र के समान निन्दनीय माना जाने लगा था।[65]

हालाँकि महाभारत में वर्णोत्पत्ति का आधार कर्म के स्थान पर जन्म माना जाने लगा था किन्तु फिर भी धर्मज्ञों ने जन्म को वर्ण का आधार नहीं स्वीकार किया है। आजगर-पर्व एवं आरणेय-पर्व दोनों स्थलों पर नहुष-युधिष्ठिर-वार्ता तथा यक्ष-युधिष्ठिर वार्ता में व्यास ने एक ही कथन पर बल दिया है कि ब्राह्मणत्व का आधार जन्म न मानकर कर्म को ही मानना चाहिए।[66]

यवक्रीत एवं मेधावी के कथा-प्रसंग से पता चलता है, कि धर्मविहीन एवं चरित्रहीन ब्राह्मण भी होते थे, जो अपने कुकृत्य के कारण न केवल अपना वरन् अपने सम्पूर्ण कुल का नाश कर देते थे।[67] किन्तु सदाचारी ब्राह्मण की समाज में बहुत प्रतिष्ठा थी। कहा गया है, कि ऐसे ब्राह्मण का समाज में स्थान इतना अप्रतिम एवं अमोघ था, कि यदि ब्राह्मण रुष्ट हो जाए तो सम्पूर्ण राष्ट्र का ही विनाश हो जाता था।[68]

महाभारत से ब्राह्मणों के सन्दर्भ में जो जानकारी मिलती है, उससे ब्राह्मणों की स्थिति बहुत स्पष्ट हो जाती है। ब्राह्मणों के शील, स्वभाव एवं उच्च चरित्र को देखकर पता चलता है, कि समाज में उनका सर्वोपरि रहना सर्वथा उचित ही था। वे समाज में विवेक के प्रतिनिधि थे। राजा को पथभ्रष्ट होने से रोकते थे। निर्धनता को ब्राह्मण का सर्वस्व बताकर उनमें धन-लोलुपता की प्रवृत्ति को समाप्त कर दिया गया था। ब्राह्मण को कीर्ति से दूर रखने का निर्देश भी महाभारत में दिया गया है, क्योंकि कीर्ति के लोभ में ब्राह्मण कर्तव्यच्युत हो सकता है।[69] ब्राह्मणों के लिए कीर्ति को विष की भांति त्याज्य बताया गया है।

यह भी महत्वपूर्ण है कि ब्राह्मणों का जितना अधिक सत्कार था, उनके लिए उतने ही कठोर जीवन की व्यवस्था भी थी। विश्वकल्याण की भावना की उनमें इतनी अधिकता थी कि त्रासदी से बचने के लिए स्वेच्छा से वे अपनी अस्थियों तक का दान कर देते थे।[70] ऐसे उच्चकोटि के ब्राह्मणों को देवता भी आदर-सम्मान देते थे। किन्तु वहीं यवक्री जैसे कदाचारी कुत्सित ब्राह्मण शूद्र द्वारा पकड़े जाकर कृत्या द्वारा मारे जाते थे।[71] ब्राह्मण सहस्रशीर्ष पुरुष का मुख कहलाते थे। मुख द्वारा उच्चारित वाणी से ही व्यक्ति के व्यक्तित्व की सम्पूर्ण परीक्षा होती है। अतः स्वस्थ समाज के निर्माणकर्त्ता को सुमधुर सुक्तिपूर्ण एवं मितभाषी होना ही चाहिए।

सन्दर्भ–सूची

1. महाभारत, 6/25/10,
2. वही, 122, 4-5, ब्राह्मणो मुखतः सृष्ट ब्राह्मणो राजसत्तम्।
बाहुभ्यां क्षत्रियः सृष्ट उरुभ्यां वैश्य एव च।।
वर्णश्चतुर्यः संभूत पद्भ्यां शूद्रो विनिर्मितः।।
3. वही, 6/28/13,
4. वही, 12/65/22,
5. वही, 12/188/10, ब्राह्मणा पूर्वसृष्टं हि कर्मभिर्वर्णातां गतः।।
6. वही, 6/35/8,
7. वही, 12/39/1, भूमिचराः देवाः।।
8. वही, 12/56/14
9. वही, 12/37/34-38,
10. वही, 8/23/24,
11. वही, 13/94/18,
12. वही, 13/94/18-19,
13. वही, 13/10/63,
14. वही, 1/136/6,
15. वही, 5/6/17-18,
16. महाभारत, 14/10,
17. वही,
18. वही, 1/174/9,
19. वही, 1/3/13,
20. वही, 12/29/44,
21. वही, 13/35/23,
22. वही, 12/139/39,

23. वही, 1/87/11,
24. वही, 13/94/31,
25. वही, 12/226/13,
26. वही, 13/94/31,
27. वही, 1/170/17
28. वही, 12/37/31,
29. वही, 1/51/15,
30. वही, 12/268/12, ब्राह्मणो नाम भगवान् जन्मप्रभृति पूज्यते।।
31. वही, 3/25/16, स्वयोनित: कर्म सदा चरन्ति।
32. वही, 3/206/20, कुलोचितमिदं कर्म पितृपैतामहं परम्।।
    वही, 6/42/48, सहजं कर्मं कौन्तेय सदोषमपि न त्यजेत्।।
33. वही, 12/14/15, मित्रता सर्वभूतेषु दानमध्ययनं तप:।
    ब्राह्मणस्यैव धर्म: स्यान्न राज्ञो राजसत्तम्।।
34. वही, 12/321/22-24, सम्पतन् देहजालानि कदाचिदिह मानुषे।
    ब्राह्मण्यं लभते जन्तुस्तत् पुत्र परिपालय।।
35. वही, 1/28/3, अबध्य: सर्वभूतानां ब्राह्मणोह्मनलोपम:।
36. वही, 12/76/19, अब्राह्मणानां वित्तस्य स्वामि राजेति वैदिकम।।
37. वही, 12/36/41-48, निष्कारणं स्मृतं दत्तं ब्राह्मणे ब्रह्मवर्जिते।
    भवेदपात्रदोषेण न चात्रास्ति विचारणा।।
    ग्रामो धान्यैर्यथा शून्यो कूपश्च निर्जल:।
    यथा हुतमनग्नौ च तथैव स्यान्निराकृतौ।।
38. वही, 3/313/111
39. वही, 2/12/24,
40. महाभारत, 13/61/19,
41. वही, 12/36/41, काष्ठैरार्दैर्यथा वुरूपस्तीर्णो न दीप्यते।
    तप: स्वाध्यायचारित्रैरेवं हीन: प्रतिग्रही।।

42. वही, 6/42/42,	शमो दमस्तप: शौचं क्षान्तिराजैव मेव च। ज्ञानं विज्ञानमास्तिक्यं ब्रह्मकर्म स्वभावजम्।।
43. वही, 13/104/16-20,	येन पूर्वामुपासन्ते द्विजा: सन्ध्या न पश्चिमाम्। सर्वास्तान् धार्मिको राजा शूद्रकर्माणि कारयेत्।।
44. वही, 13/33/12-14,	
45. वही, 5/38/5,	
46. वही, 12/62/4-5,	शूद्रो राजन् भवति ब्राह्मबन्धुर्दुश्चरित्रो यश्च धर्मादपेत:।।
47. वही, 13/33/11,	
48. वही, 13/35/1,	जन्मनैव महाभाग ब्राह्मणो नाम जायते। नमस्य सर्वभूतानामतिथि: प्रसृताग्रभुक्।।
वही, 12/72/6,	ब्राह्मणो जायमानो हि पृथिव्यामनुजायते। ईश्वर: सर्वभूतानां धर्मकोशस्य गुप्तये।।
49. वही, 13/8/21,	क्षत्रिय शतवर्षी च दशवर्षी द्विजोत्तम:। पितापुत्रौ च विज्ञेयौ तयोर्हि ब्राह्मणो गुरु:।।
50. वही, 13/118/24,	तिर्यग्योन्या: शूद्रतामभ्युपैति शूद्रो वैश्यं क्षत्रियत्वञ्च वैश्य:।।
51. वही, 13/9/18,	न हर्त्तव्यं विप्रधनं क्षन्तव्यं तेषु नित्यश:। बलाश्च नावमन्तव्या दरिद्रा: कृपणा अपि।।
52. वही, 13/151/19-23,	येषां वृद्धश्च बालश्च सर्व: सम्मानमर्हति।
53. वही, 10/16/32,	जित्वा मुक्तो द्रोणपुत्रो ब्राह्मण्याद्गौरवेण च।
54. वही, 7/197/21,	त्वांच ब्रह्महणं दृष्ट्वा जन: सूर्यमवेक्षते। ब्रह्महत्या हि ते पापं प्रायश्चित्तार्थमात्मन:।।
55. वही, 3/35/20,	घृणी ब्राह्मणरूपोऽसि कथ क्षत्रेशु जायेथा:। अस्यां हि योनौ जायन्ते प्रायश: क्रूरबुद्धय:।।
56. वही, 10/3/21,	सोऽस्मि जात: कुलश्रेष्ठे ब्राह्मणानां सुपूजिते। मन्दभाग्यतयास्म्ये तं क्षत्रधर्ममनुश्रित:।।
57. वही, 12/234/11,	अध्यापयेदधीयीत याजयेत यजेत वा। न वृथा प्रतिगृह्णीयान्न च दद्यात् कथंचन।।

58. महाभारत, 13/141/29, मुखतोः ब्राह्मणाः सृष्टास्तस्मात् ते वाग्विशारदाः।

59. वही, 13/141/30-32, विप्राः कृताभूमिदेवा लोकानां धारणे कृताः।
तपएव सदा धर्मो ब्राह्मणस्य न संशयः।।
स तु धर्मार्थमुत्पन्नः पूर्वं छात्रा तपोबलात्।
उपावासः सदा धर्मो ब्राह्मणस्य न संशयः।।
व्रतोपनयनं चैव द्विजो येनोपपद्यते।
गुरुदैवतपूजार्थं स्वाध्यायाभ्यसनात्मकः।।
स्वाध्यायो यजनं दानं तस्यधर्थं इति स्थितिः।
कर्माण्यध्यापनं चैव याजनं च प्रतिग्रहः।।

60. वही, 13/141/29-30, सत्यं शान्तिस्तपः शोचं तस्य धर्म सनातनः।

61. वही, 3/207/25, ब्रह्मचर्यं तपोमन्त्राः सत्यं च ब्राह्मणे सदा।

62. वही, 3/200/88-89, दुर्वेदा वा सुवेदा वा प्राकृताः संस्कृतास्तथा।
ब्राह्मणा नावमन्तव्या भस्मच्छन्ना इवाग्मयः।।
यथा श्मशाने दीप्तौज्ञाः पावको चैव दुष्यति।
एवं विद्वानविद्वान वा ब्राह्मण दैवतं महत्।।

63. वही, 3/192/55, नानुयोगा ब्राह्मणनां भवन्ति, वाचा राजन् मनसा कर्मणा वा।
यस्तवेणं ब्रह्म तपसान्वेति विद्वांस्तेन, श्रेष्ठो भवति हि जीवमानः।।

64. वही, 3/192/59-60, गुर्रा चानुतिके पापे कृतघ्ने ग्रामयाजके।
वेदविक्रयणे दत्तं तथा वृषलयाजके।।
ब्रह्मबन्धुषु यद् दत्तं यद दत्तं वृषलीपतौ।
स्त्री जनेषु च यद् दत्तं व्याग्राहे तथैव च।।

65. वही, 3/113/111, चतुर्वेदोऽपि दुर्वृत्तः स शूद्रादतिश्च्यिते।

66. वही, 3/180/30, यदि ते वृत्ततो राजन् ब्राह्मणः प्रसमीक्षितः।
वृथा जातिस्तदाऽऽयुष्मन कृत्तिर्यावन्न विद्यते।।

67. वही, 3/136/12, तावब्रवीद्वषिः क्रुद्धो यवक्रीर्वध्यतामिति।
जग्मतुस्तौ तथेत्युक्त्वा यवक्रीतजिघांसया।।
निंगृहीतं तु शूद्रेण यवक्रीतं स राक्षसः।
ताऽयामास शूलेन स भिन्नहृत्दयोऽपतत।।

68. वही, 3/113/15, ततः स कोपेन विदीर्यमाण, आशङ्कमानो नृपतेर्विधानम्।
जगाम चम्पां प्रति धक्ष्यमाणस्तमङ्क्गराजा सपुरं सराष्ट्रम।।

69. महाभारत, 3/12/45, दुःखेन चाधिगम्यन्ते तस्मान्नाशं न चिन्त्येत।
असंतोषपरा मूढ़ा संतोषं यान्ति पण्डिता:।।

70. वही, 3/100/22, स एवमुक्त्वा द्विपदां वरिष्ठः, प्राणान् वशी स्वान सहसोत्ससर्ज।
ततः सुरास्ते जगृहुः परासो, रस्थीनि तस्याथ यथोपदेशम्।।

71. वही, 3/137/18, ततः स विहताशोऽत्र जलकामोऽशुचिर्ध्रुवम्।
निहतः सोऽतिवेगेन शूलहस्तेन रक्षसा।।

❖ ❖ ❖

अष्टम् अध्याय

जैन एवं बौद्ध ग्रन्थों में ब्राह्मण

जैन एवं बौद्ध ग्रन्थों के अध्ययन से पता चलता है कि इस समय में भी समाज का विभाजन चातुर्वर्ण्य पर ही आधृत था। ब्राह्मण, क्षत्रिय, वैश्य एवं शूद्र यही चारों वर्ण ही समाज में व्याप्त थे। हांलाकि समाज का यह विभाजन अब बहुत दुखदायी हो चला था। भेद-भाव, एवं ऊँच-नीच पर आधारित इस व्यवस्था के चलते अब पल-पल मानवता का अपमान होने लगा था। प्राचीन मनीषियों ने जिस व्यवस्था का सूत्रपात जनहित में तथा समाज के स्वस्थ विकास एवं कार्यों के समुचित विभाजन के लिए किया था, वही व्यवस्था अब समाज को तोड़कर उसके विकास, समन्वय एवं प्राचीन ऋषि-मुनियों की भावना को निरन्तर जर्जर कर रही थी।

यही कारण है, कि समकालीन जैन एवं बौद्ध ग्रन्थों में जमकर इसकी भर्त्सना की गई है। श्रमण विचारधारा के इन दोनों एवं समकालीन सभी अन्य मतों ने वर्ण-व्यवस्था की कटु आलोचना की। परिणाम यह हुआ कि मुख्य रूप से जैन एवं बौद्ध दोनों मतों ने वेदों के प्रामाण्य तथा ब्राह्मणों की सर्वश्रेष्ठता का सीधा और तीखा विरोध किया। ऐसे में पूरी तरह स्वाभाविक था, कि ब्राह्मणों की स्थिति जो इतने लम्बे समय से सर्वोन्नत थी अब उसे ठेस पहुंची थी। यह वो समय था, कि जब क्षत्रिय एवं वैश्य वर्ण समाज में प्रमुखता प्राप्त कर रहें थे।

जैन एवं बौद्ध ग्रन्थों में ब्राह्मणों की स्थिति उतनी श्रेष्ठ अब नहीं रह गई थी। क्षत्रिय एवं वैश्यों की स्थिति अब ब्राह्मणों से अधिक श्रेष्ठ हो गई थी। एक तो समाज में युद्धों की निरन्तरता हो गई थी। दूसरी ओर युद्धों में तथा कृषि अधिशेष जैसी, परिकल्पनाओं के चलते धन की महत्ता भी बढ़ रही थी। ऐसे में क्षत्रिय एवं वैश्यों की स्थिति में सुधार आना स्वाभाविक ही था। दूसरी ओर याज्ञिक कर्मकाण्ड एवं

अन्य धार्मिक आडम्बर भी अपनी जटिलता के कारण सामान्य जनता से दूर होते जा रहे थे। फिर महावीर एवं बुद्ध का ब्राह्मण ना होना, इन धर्मों को वैश्यों एवं क्षत्रियों की संरक्षणता, ज्ञान पर ब्राह्मणों के एकाधिकार की समाप्ति, अन्तिम लक्ष्य मोक्ष के लिए अपेक्षाकृत सहज मतों का विकास आदि वे महत्वपूर्ण कारण थे जिनके चलते ब्राह्मण समाज में अपनी प्रमुखता, प्राधान्यता एवं सर्वश्रेष्ठ स्थिति खोते जा रहे थे।

बौद्ध साहित्य में ब्राह्मण की वह परिभाषा अस्वीकार कर दी गई थी जो अब तक समाज में प्रचलित थी। बौद्ध साहित्य में जन्मना किसी को ब्राह्मण नहीं स्वीकार किया गया, अपितु उसे ब्राह्मण कहा गया जिसने नैतिकता एवं आध्यात्मिकता के क्षेत्र में सिद्धि प्राप्त कर ली हो। ऐसा व्यक्ति चाहे वह किसी भी कुल में क्यूँ ना जन्मा हो कर्मानुसार ब्राह्मण, क्षत्रिय या किसी अन्य वर्ण का कहलाने का अधिकारी है। ब्राह्मणों के सन्दर्भ में बुद्ध स्पष्टतः यह कहते हैं, कि माता की योनि से उत्पन्न होने के ही कारण किसी को मैं ब्राह्मण नहीं मानता तथा जो भो-वादी एवं संग्रही है मैं उन्हें भी ब्राह्मण नहीं मानता। मैं ब्राह्मण उसे कहता हूँ जो अपरिग्रही एवं सर्वत्यागी है।[1]

स्पष्ट हैं, कि बौद्ध साहित्य में ब्राह्मणों की आनुवंशिकता को पूर्णरूपेण अस्वीकार कर दिया गया था। भोवाद से तात्पर्य वह प्रथा है, जिस के तहत जातक-युग में ब्राह्मण एक दूसरे को 'भो' कहकर संबोधित करते थे।

बुल आगे कहते हैं, कि जो सारे बन्धनों को काट कर तृष्णा से नही डरता उस रागादि से संग एवं आसक्ति से विरत को मैं ब्राह्मण कहता हूँ।[2]

स्पष्ट है, कि जैन-बौद्धादि साहित्य में ब्राह्मणों को तो स्वीकार किया गया था, किन्तु उनकी जन्मगत श्रेष्ठता को नहीं। ब्राह्मणों की महत्ता तब मानी जाती थी जब वह सद्गुणों से युक्त हो अन्यथा वह सामान्य एवं महत्वहीन ही समझा जाता था। कहा गया है, कि जो मन में किसी भी प्रकार का क्रोध या प्रतिहिंसा के भाव न आने दे तथा गाली, वध, बन्धन आदि को विकार रहित चित्त से सह ले वही ब्राह्मण हैं।[3]

बौद्ध साहित्य में इस विचार को व्यावहारिकता भी दी गई है। यहां अभिमानी ब्राह्मणों को यह बतलाया गया कि तुम वास्तविक ब्राह्मण नहीं हो। दीघ निकाय का वह प्रसंग दर्शनीय है, जिसमें बुद्ध श्रावस्ती-विहार के समय वसिष्ठ ब्राह्मण से कहते है कि, "क्षेत्रों का अधिपति होने से महासम्मत (महाजनों द्वारा सम्मत) का ही दूसरा नाम क्षत्रिय पड़ा। जिन लोगों ने पापमय अकुशल धर्मों को छोड़ दिया

तथा जंगल में पर्णकुटि बनाकर आध्यात्म की ओर अग्रसर हुए उनका नाम ब्राह्मण पड़ा।"[4]

इस प्रसंग से दो बातें बिल्कुल स्पष्ट हो जाती है। एक तो यह कि, बौद्ध साहित्य में वर्ण-व्यवस्था जन्मना ना होकर कर्मणा हो गई थी तथा दूसरा यह, कि यहां ब्राह्मण की सामाजिक प्रतिष्ठा एवं स्थिति में बहुत गिरावट आ गई थी। क्षत्रिय को सर्वश्रेष्ठ स्थिति प्राप्त हुई तथा ब्राह्मणों की स्थिति द्वितीय हो गई थी। बुद्ध स्वयं यह बात कहते हैं, कि क्षत्रिय, ब्राह्मण, वैश्य एवं शूद्र ये वर्ण हैं। इनमें दो वर्ण यथा क्षत्रिय एवं ब्राह्मण अभिवादन, प्रणामांजलि, अग्रासन तथा सेवा के अधिकारी हैं।[5]

वैदिक ज्ञान पर एकाधिकार तथा समान में अपनी सर्वोच्च स्थिति के मिथ्याभिमान पर बौद्ध साहित्य में जमकर आघात किया गया। विनय पिटक में कहा गया है, कि-ब्राह्मण वह है, जो पाप से मुक्त हो, वृथाभिमानी ना हो निर्मल चित्त एवं संयमी हो, वेदान्त का ज्ञाता हो, ब्रह्मचर्य व्रती हो, धर्म से ब्रह्मवादी हो, जिसमें समता की भावना हो तथा जिसके समान विश्व में अन्य कोई ना हो।[16]

संदर्भित साहित्य में ब्राह्मण की प्रतिष्ठा तथा सम्मान को गहरा आघात लगा था। मथुरा के राजा अवन्तिपुत्र एवं आयुष्मान् महाकात्यायन का प्रसंग दर्शनीय है। अवन्तिपुत्र कहते हैं, कि "भो कात्यायन! ब्राह्मण कहते हैं, कि ब्राह्मण ही सर्वश्रेष्ठ हैं अन्य वर्णहीन। ब्राह्मण ब्रह्मा के दायाद हैं।" इस पर महाकात्यायन कहते हैं, कि "तुम्हें समझना चाहिए, कि लोक में यह कोलाहलमात्र है, कि ब्राह्मण ही सर्वश्रेष्ठ हैं, ब्रह्मा के दायाद हैं।"[7]

महाकात्यायन, अवन्ति-पुत्र से प्रश्न करते हैं, कि यदि चारों वर्णों के लोग यथा ब्राह्मण, क्षत्रिय वैश्य या शूद्र कोई अपराध, कुकर्म आदि करे तो क्या तुम बिना वर्ण भेद के उन्हें दण्ड दोगे? उत्तर में अवन्तिपुत्र कहते है, कि अपराध करने से पूर्व तक ही उनकी संज्ञा ब्राह्मणांदि है, किन्तु अपराध के पश्चात वे मात्र अपराधी हैं। अत: समान रूप से दण्ड के पात्र भी हैं।[8]

इस प्रसंग से स्पष्ट है, कि अब ब्राह्मणों के अनावश्यक विशेषाधिकारों को समाप्त कर दिया गया था। दण्ड के क्षेत्र में भी उनके विशेषाधिकार समाप्त करके सामान्य जन के समान बना दिया गया था।

ठीक ऐसा ही प्रसंग माज्झिम निकाय में भी मिलता है। इस प्रसंग में वसिष्ठ माणव, भगवान से पूछते हैं, कि ब्राह्मण जन्म से होता है या कर्म से। इसके प्रत्युत्तर

बुद्ध कहते है, कि "हे वसिष्ठ! माता की योनि से उत्पन्न होने के कारण मैं किसी को ब्राह्मण नहीं कहता। मैं तो उसे ब्राह्मण कहता हूँ जो अपरिग्रही हो तथा जो संयोजनो से भय नहीं खाता। जो संग और आसक्ति से विरक्त हो, उसे ही मैं ब्राह्मण कहता हूँ। कर्म से ही कोई भी व्यक्ति ब्राह्मण होता है तथा कर्म से ही अब्राह्मण।"[9] बुद्ध का कर्म पर अत्याधिक बल देना यह स्पष्ट कर देता है, कि वे समाज में कर्म के अनुसार ऐसी समाजिक व्यवस्था का पुनर्स्थापन करना चाह रहे थे, जो बहुत पहले से विद्यमान थी किन्तु उनके समय में वह व्यवस्था विकृत हो गई थी।[10]

यह एक ऐसा समय था, कि जब ब्राह्मण कर्मकाण्डों को तो अत्यधिक महत्व देते थे, किन्तु उनके जो पुराने उच्चादर्श थे, वे उन्हें छोड़ते जा रहे थे। बुद्ध तथा भारद्वाज सुन्दरिक की वार्ता इसे स्पष्ट कर देती है। बुद्ध कहते है, कि हे ब्राह्मण लकड़ियाँ जला-जला कर अपनी शुद्धि होना न समझो, यह तो वाह्य आडम्बर है। जो बाहरी कृत्रिमता से शुद्धि पाना चाहता है उसे शुद्धि नहीं मिलती। हे ब्राह्मण मैं लकड़ियाँ जलाना छोड़ अध्यात्म की ज्योति जलाता हूँ।[11]

स्पष्ट है, कि यज्ञादि आडम्बर ब्राह्मणों के मुख्य कर्म हो गए थे जबकि अन्य कार्य गौण हो गए थे। ब्राह्मण अध्यात्म विद्या से दूर हटकर जीविकोपार्जन के लिए ही यज्ञादि कर्म में प्रवृत्त हो गए थे। महासुपिनजातक के प्रसंग से यह तथ्य अधिक पुष्ट हो जाता है, जहां ब्रह्मदत्त के सोलह स्वप्नों के आधार पर ब्राह्मणों ने उसके रत्नों को लेने के लोभ में उसे यज्ञ करवाने के लिए कहा।[12] यह भी स्पष्ट होता है कि उस समय ब्राह्मणों की आर्थिक स्थिति भी दयनीय हो चली थी।

विनय पिटक में एक कथा यह मिलती है, कि "राजग्रह में उत्तम भोजनों का यह क्रम चल रहा था। यह देख एक ब्राह्मण के मन में ऐसा हुआ कि ये शाक्यपुत्र बौद्ध श्रमण शील तथा आचार से सुखपूर्वक रहने वाले हैं, सुन्दर भोजन करके शान्ति की शय्याओं पर सोते हैं। क्यों ना मैं भी शाक्यपुत्रीय साधुओं में साधु बन जाऊँ। तब उस ब्राह्मण ने भिक्षुओं के पास जाकर प्रवज्या के लिए प्रार्थना की। भिक्षुओं ने उसे प्रवज्या एवं उपसम्पदा दी।...........आगे चलकर भोजों का क्रम टूट गया।..........भिक्षु तुम पेट के लिए प्रवज्या लिए हो?" हाँ भगवन्।[13]

इससे यह भी स्पष्ट हो जाता है, कि ब्राह्मणों की स्थिति ठीक नहीं थी। वे कार्य भी नहीं करना चाहते थे। इसलिए ब्राह्मणों ने विभिन्न व्यवसायों को अपना लिया था।

तन्त्रशास्त्र का ज्ञान उनमें विकसित हो चुका था, और उससे वे अपना जीविकोपार्जन करते थे।[14] आसन-मन्त्र (स्त्री के दुगुर्ण) को सीखकर काम वासना की तरफ उनकी रूचि बढ़ती जा रही थी।[15] जबकि ब्राह्मणों के लिए संयम, वेद अभ्यास एवं अध्यापन का कार्य करना बताया गया है। कुछ ब्राह्मण राजाओं के यहां तलवार को सूंघ कर परीक्षण करते थे, तथा व्यापारियों से उत्कोच (रिश्वत) भी लिया करते थे।[16] उस समय वे नक्षत्रविद्या में भी पूर्णरूपेण पारंगत हो गए थे। इस के बल अपनी जीविका भी वे चलाते थे।[17]

बौद्ध साहित्य से पता चलता है, कि इस समय में कुछ ब्राहाण कृषिकर्म भी किया करते थे। इसका उदाहरण सुत्तनिपात के कुसिभारद्वाजसुत में मिलता है।[18] जातक ग्रन्थों में ब्राह्मणों के मांसाहारी होने के भी स्पष्ट संकेत मिलते है। नगुंठ जातक से पता चलता है, कि उस समय श्राद्ध कर्मों में भी ब्राह्मण पशुवध किया करते थे।[19] ब्राह्मण यज्ञादि कर्मकाण्डों के साथ ही वृक्षों की पूजा देवताओं के रूप में करते एवं करवाते थे।[20]

गौतम बुद्ध ब्राह्मणों को उनके पुराने वैदिक आदर्शों पर लाने के लिए धर्मोंपदेश देते रहे, उनके गुणों की व्याख्या करते रहे। बुद्ध ने ब्राह्मणों को अत्याधिक बोलने पर मना किया।[21] हांलाकि अब भी ब्राह्मण वर्ग समाज का एक बहुत प्रतिष्ठित वर्ग था। समाज में उसका स्थान अत्यन्त ऊँचा था। राजकीय पदों पर उनकी नियुक्तियाँ ससम्मान होती थीं तथा राजपरिवार में भी उनकी बहुत प्रतिष्ठा थी।[22]

ब्राह्मणों के द्वारा सामाजिक एवं राजनीतिक पक्ष भी प्रभावित थे। धार्मिक एवं आध्यात्मिक क्षेत्र तो उनका मुख्य आधार था ही। स्वाभाविक रूप से वे समाज के मठाधीश बन बैठे थे। यही कारण था, कि अब वे समाज के अन्य वर्णों की सम्पूर्ण प्रगति में बाधक समझे जाने लगे थे।

तथागत ने इसी का विरोध समाज के समस्त क्षेत्रों में किया तथा उन लोगों को राजनीतिक, सामाजिक एवं धार्मिक क्षेत्रों के प्राचीनतम मूल्यों के साथ-साथ उस युग की आवश्यकताओं का भी ज्ञान कराया। यही कारण था कि बड़ी संख्या में ब्राह्मणों ने भी बौद्ध धर्म में दीक्षा ली और बुद्ध के शिष्य हो गए।

महत्वपूर्ण बात यह है, कि बौद्ध साहित्य ब्राह्मणों के वाह्य कर्मकाण्डों का ही विरोध करता था उनके वैदिक धर्म का नहीं। सुत्तनिपात में बुद्ध ब्राह्मणों से कहते भी

हैं कि ब्राह्मणों! प्राचीन ब्राह्मणों की चर्या के अनुसार चलने वाले ब्राह्मण इस समय दिखाई नहीं पड़ते।"[23] इसमें पुराने ब्राह्मणों से उनका तात्पर्य पूर्वयुगीन वैदिक मान्यताओं से है, क्योंकि वर्ण–व्यवस्था की प्रारम्भिक स्थिति हमें पूर्वयुगीन वैदिक काल से ही मिलने लगती है।

सुत्तनिपात में वासेठ्ट माणवक बुद्ध से गाथा में कहते है कि "भन्ते! अनुज्ञात–प्रतिज्ञात हम लोग तीनों वेदों के ज्ञाता हैं। मैं पोक्खरसाति का शिष्य हूँ और यह माणवक तारूक्ख का शिष्य है। वेदत्रयी में जो कुछ आया हैं हमें उसका पूर्ण ज्ञान है।" इसके प्रत्युत्तर तथागत कहते हैं, कि– "जो त्रिविद्याओं से युक्त हैं, शान्त हैं और जिसका जन्म क्षीण हो गया है, विज्ञों के लिए वह ब्राह्मण है, वासेठ्ट! इस प्रकार जानो।"[24]

यह बात सत्य है, कि उस काल में ब्राह्मणों की स्थिति एवं उनकी श्रेष्ठता निरन्तर ह्रासोन्मुख होती जा रही थी। वे अपने प्राचीन आदर्शों से च्युत हो चुके थे। धन–संग्रह एवं वैभवविलास उनका प्रमुख लक्ष्य बन गया था। ब्राह्मणों का मुख्य व्यवसाय शिक्षा देना एवं ज्ञानोपार्जन न होकर, कृषि कर्म आदि अन्य कार्य, व्यापार, धनसंग्रह या उत्कोच लेना आदि हो गया था।[25]

इतना होते हुए भी बुद्ध के समकालीन समाज में ब्राह्मणों का स्थान ऊँचा था। उनके वचनों पर लोग विश्वास किया करते थे।[26] हांलाकि ब्राह्मणों का अल्पसंख्यक वर्ग ही अपने प्राचीन आदर्शों पर चल रहा था। तात्पर्य यह है, कि तत्कालीन समाज में इस वर्ग की स्थिति विभिन्न शिल्पों एवं कार्यों के कारण विभिन्न प्रकार की हो गई थी।

जैन एवं ब्राह्मण ग्रन्थों से पता चलता है, कि इस युग में ब्राह्मणों को बहुत निम्न एवं पतित समझा जाने लगा था। ऐसे कितने ही आख्यान इस साहित्य में व्याप्त हैं जिनसे ब्राह्मणों के प्रति हिंसा एवं घृणा किए जाने तक का उल्लेख सहज ही–मिल जाता है। नङ्गुठ्टजातक से ब्राह्मणों द्वारा गौ मांस सेवन का प्रसंग मिलता है।[27] ब्राह्मण स्त्रियों के पतिता एवं दुश्चरित्रा होने के भी असंख्य उल्लेख इस साहित्य में मिलते हैं। राध जातक में इस प्रकार के प्रसंग बहुतायत में हैं।[28] उद्दालक जातक से एक नकली एवं लूट करने वाले ब्राह्मण की कथा पता चलती है।[29] तो वहीं महाकपि जातक ने एक कृतघ्न ब्राह्मण द्वारा अपने मित्र वानर के साथ विश्वासघात किए जाने का प्रसंग मिलता है।[30]

यह युग हांलाकि ब्राह्मण के लिए बहुत ही कष्टादायक था फिर भी ऐसे ब्राह्मणों के प्रसंग भी मिलते हैं, जिन्होंने अपनी तेजस्विता, विद्या एवं तपस्या के बल पर पूजा भी पाई थी एवं आलोचकों से भी आदर पाया था। यह भी बहुत महत्वपूर्ण है, कि इस साहित्य ने आचारहीन ब्राह्मणों को साथ लेकर ही ब्राह्मणों की प्रतिष्ठा का विरोध किया। अन्यथा जहां भी शीलवान ब्राह्मण मिला उसको यथेष्ठ सम्मान दिया गया।

सन्दर्भ–सूची

1. धम्मपद, 396, न चाहं ब्राह्मणं ब्रूमि योनिजं मत्तिसम्भवं।
भोवादि नाम सो होति स चे होति सकिञ्चनो।।
अकिंचनं अनादानं तमहं ब्रूमि ब्राह्मणं।।।
2. वही, 397, सब्बसञ्ञोजनं छेत्वा थो वे न परितस्सति।
सगातिगं विसञ्ञुत्तं तमहं बूमि ब्राह्मण।।
3. वही, 399, अककोसं बधबन्धञ्च अयुठ्टो या तितिक्खति।
खन्तिबलं बलानीकं तमहं ब्रूमि ब्राह्मण।।
4. दीघनिकाय, 3/4, पृ. 244–245,
5. मज्झिम निकाय, 2 पृष्ठ 128,
6. विनयपिटक, महावग्ग, कथा–2, पृ. 76,
7. संयुक्त निकाय, दूसरा भाग, पृ. 499,
8. मज्झिम निकाय, 2/4/4,
9. मज्झिम निकाय, माधुरी सुत्त, पृ. 343,
10. मज्झिम निकाय, 2/5–8, पृ. 413–415,
11. संयुक्त निकाय, 7/1–9, पृ. 134–135,
12. जातक (1) महासुपिन जातक, पृ. 478,
13. विनय पिटक, महावग्ग, पृ. 107,
14. जातक, प्रथम खण्ड, वेदब्भ जातक, पृ. 375,
15. वही, असातमंत्र जातक, पृ. 410,
16. जातक, द्वितीय खण्ड असिलक्षण जातक, पृ. 87,

17. जातक, तृतीय खण्ड, नानच्छन्द जातक, पृ. 143,
18. सुत्तनिपात, कुसिभारद्वाजसुत, पृ. 14–15,
19. जातक, द्वितीयखण्ड, नग्ङ्गुठ जातक, पृ. 137,
20. जातक, तृतीय खण्ड, पलास जातक, पृ. 192,
21. संयुक्त निकाय, दूसरा भाग, पृ. 499,
22. जातक, तृतीय खण्ड, नानच्छन्द जातक, 143
23. सुत्तनिपात, ब्राह्मणधम्मिक सुत्त, पृ. 56–57,
24. सुत्तनिपात, कसिभारद्वाजसुत्त, पृ. 14–15,
25. जातक, दूसरा भाग, असिलक्खण जातक, पृ. 87,
26. करुणापुण्डरीक, 71/9–10,
27. नङ्गुट्ठजातक, 144,
28. राधजातक, 198,
29. उद्दालक जातक, 487,
30. महाकपि जातक, 516

उपसंहार

प्राचीन भारतीय मनीषियों द्वारा किया गया समाज का वर्णगत विभाजन वास्तव में जीवन की सामयिक आवश्यक्ता को दृष्टिगत करते हुए अस्वित्व में आया था। एक ऐसा चिन्तन जिससे अनुप्राणित होकर प्रत्येक व्यक्ति अपने वर्णान्तर्गत होकर निर्दिष्ट सामाजिक व्यवस्था का अनुपालन करता था। आर्य संस्कृति के अन्तिम, दिव्य लक्ष्य मोक्ष की प्राप्ति का महत्वपूर्ण एवं अनिवार्य मार्ग भी स्ववर्णधर्म का अनुपालन ही था।

यह भी चिन्तन इस व्यवस्था में निहित था, कि निर्दिष्ट वर्णधर्म के अनुपालन से व्यर्थ की प्रतिस्पर्धा भी समाज में उत्पन्न ना होगी तथा आपसी वैमनस्य के स्थान पर समाज में पारस्परिक समन्वय एवं सद्भाव की स्थापना होगी। इन्हीं कुछेक लक्ष्यों को ध्यान रखते हुए मनीषियों ने वर्णव्यवस्था की परिकल्पना को मूर्त रूप दिया। इसके अनुसार एक विराट पुरुष के शरीर के विभिन्न अंगो से चारों वर्णो की उत्पत्ति हुई। ऋग्वेद के पुरुष सूक्त के अनुसार परमपुरुष के मुख से ब्राह्मण, बाहु से क्षत्रिय, जंघा से वैश्य एवं पैरो से शूद्र की उत्पत्ति हुई।[1]

अपने मूल रूप में वर्ण व्यवस्था पूर्णरूपेण कर्मणा थी। अर्थात् कर्म की महत्ता थी। फलस्वरूप सभी वर्णों का समाज में यथेष्ठ सम्मान एवं अपना स्थान था। सभी वर्ण अपने लिए निर्धारित कर्मो को पूरी निष्ठा से करते थे एवं समाज में समान रूप महत्वपूर्ण थे। किन्तु शनैः शनैः समाज की बदलती हुई परिस्थितियों एवं सामयिक आवश्यक्ता के चलते वर्णो की सामाजिक स्थितियों में भी परिवर्तन आने लगा। कभी ब्राह्मण समाज में सर्वोच्च प्रतिष्ठित हो गए तो कभी क्षत्रियों ने इस सर्वोच्च स्थान के लिए संघर्ष किया। कहने का आशय यह है, कि प्राचीन भारत में चारो वर्णों की स्थितियाँ काल एवं परिस्थितियों के परिवर्तन से निरन्तर परिवर्तित होती रही। इस अध्याय में चतुर्वर्ण का यही तुलनात्मक अध्ययन किया गया है।

ऋग्वेद में ब्राह्मण, क्षत्रिय, वैश्य एवं शूद्र चारो वर्णों का एक बहुत ही सुनियोजित सामाजिक ढांचा तैयार किया गया था। सभी वर्ण अपने लिए निर्दिष्ट कर्तव्यों को पूरी तन्मयता से करते थे।

ऋग्वेद में **'ब्राह्मण'** शब्द का अनेकशः प्रयोग किया गया है।[2] जिस प्रकार के प्रयोग ब्राह्मण शब्द के लिए किए गए हैं ऐसा स्पष्ट होता है, कि यज्ञ, मंत्र, प्रार्थना आदि कार्यों में संलग्न रहने वाले वर्ग को ब्राह्मण वर्णान्तर्गत स्वीकार किया गया था।

इस काल में ब्राह्मण किसी भी व्यवसाय को अपना सकता था। वह इच्छानुसार कर्म कर सकता था। एक स्थल पर आया भी है कि "मैं कारु (मन्त्र दृष्टा) हूँ, मेरे पिता भिषक (वैद्य) तथा मेरी माता उपल-प्रक्षिणी (अनाज पीसने वाली) हैं।"[3] स्पष्ट है कि इस समय कर्म का महत्व था जन्म का नहीं। आनुवंशिकता अब तक व्याप्त नहीं हुई थी। वशिष्ठ ब्राह्मण थे, किन्तु उनकी माता उर्वशी अप्सरा थीं जबकि पिता मित्रा-वरुण।[4]

प्राचीन भारत के **उत्तर वैदिक साहित्य** में चारों वर्णों के बीच स्पष्ट विभाजक रेखा दिखाई देने लगती है। वस्तुतः यही चतुर्वर्ण के विकास का युग था और यही इसके व्यवस्थापन का काल था। ब्राह्मण, क्षत्रिय, वैश्य एवं शूद्र का उल्लेख अथर्ववेद में मिलता है।[5] इस काल में ऐसे भेदपरक दिशा निर्देश चारों वर्णों के लिए जारी कर दिए गये थे, कि तुलनात्मक दृष्टि से चतुर्वर्ण का प्रभाव एवं सामाजिक स्थान बिल्कुल अलग था।

'ब्राह्मण' का महत्व इस युग में आकर बहुत अधिक बढ़ गया था। वह समाज में सर्वश्रेष्ठ स्थिति को प्राप्त कर चुका था।[6] ब्राह्मण को दिव्य वर्ण स्वीकार किया जाने लग था।[7] चूँकि समस्त देवता उसी में निवास करते है अतः उसे देवता स्वीकार कर लिया गया था।[8]

ब्राह्मण की सुख-सुविधाओं को विशेष ध्यान रखा जाता था। अथर्ववेद में कहा गया है, कि जिस राज्य में ब्राह्मण को कष्ट मिलता है उस राजा का राज्य जल में टूटी हुई नौका के समान नष्ट हो जाता है।[9] ब्राह्मण अपने ज्ञान, बुद्धि-बल, धार्मिक कृत्यों एवं मन्त्रों आदि के कारण अपनी स्थिति को महत्वपूर्ण बनाए हुए था। ऐतरेय ब्राह्मण में यह उल्लिखित है, कि पुरोहित के बिना अर्पित की गई आहुतियाँ देवता भी स्वीकार नहीं करते।[10] राजसूय जैसे क्षत्रिय प्रधान यज्ञ भी ब्राह्मणों की स्तुतिगान के बिना सम्पूर्ण नहीं होते थे।

ब्राह्मणो की स्थिति इतनी महत्वपूर्ण थी, कि यह भी कहा गया है, कि ब्राह्मणो द्वारा प्रदत्त सत्ता से ही राजा शासन किया करता था।[11] ब्राह्मण को सभ्यता का प्रकारक माना गया है। अपने ज्ञान एवं आचरण से ब्राह्मण समाज के उत्थान में अपना अद्वितीय योगदान दिया करता था। यही कारण था, कि ब्राह्मणो को अनेकानेक विशेषाधिकार दिए गए थे। उनकी हत्या जघन्य अपराध थी जिसके लिए प्रायश्चित विधान भी बहुत कठोर हुआ करते थे।

सूत्र कालीन साहित्य में अध्ययन के लिए हमारे पास मुख्य रूप से गृह्यसूत्र एवं धर्मसूत्र ग्रन्थ उपलब्ध हैं। छः सौ ईसापूर्व से तीन सौ ईसापूर्व के मध्य में रचित इन ग्रन्थों में सामाजिक-धार्मिक आचार-विचार एवं विभिन्न कर्तव्यों का उल्लेख है।

इस काल में वर्ण व्यवस्था अपेक्षाकृत और अधिक जटिल एवं आनुवंशिक हो गई थी। वर्णों के उद्‌गम में जन्म को अधिक महत्वपूर्ण माना जाता था। ऐसे में स्वाभाविक ही था, कि वर्णों के बीच ऊँच-नीच, भेद-भाव तथा उनकी बदलती हुई समाजिक स्थिति की स्पष्ट विभाजक रेखाएँ खिंच जाएं।

जहां तक **'ब्राह्मणो'** की स्थिति का प्रश्न है तो तुलनात्मक रूप में अब ब्राह्मण सर्वोच्च स्थापित थे। ब्राह्मण वर्ग का पुनर्गठन करके उसके भावी विकास की रूपरेखा इस काल में निश्चित की जा चुकी थी। चूँकि आनुवंशिकता महत्वपूर्ण हो गई थी, स्वाभाविक रूप से ब्राह्मण को जन्मना श्रेष्ठ माना जाने लगा था।[12] ब्राह्मणो की विशिष्टता एवं श्रेष्ठता को पूर्णरूपेण नियोजित कर लिया गया था। द्विज की व्याख्या करते हुए उनके उपनयन संस्कार का का प्रतिपादन किया गया।[13] ब्राह्मणों की तुलनात्मक सर्वोच्च स्थिति भी इसी दर्शन से स्पष्ट हो जाती है, जिसका तात्पर्य था, कि राजा अन्य वर्णों का तो शासक है, किन्तु ब्राह्मणो का नही।[14]

ब्राह्मण का सत्कार करना राजा का प्रमुख धर्म होता था। श्रोत्रिय को राजा द्वारा सर्वत्र पथदान प्राप्त होता था।[15] सूत्रयुगीन समस्त साहित्य से यही प्रकट होता है, कि इसयुग में ब्राह्मण सर्वश्रेष्ठ एवं सभी से आदर-सत्कार प्राप्त करता था।[16]

इस काल में ब्राह्मण अन्य वर्णों से कितने उच्च प्रतिष्ठित थे इसका पता गौतम धर्म सूत्र से चलता है जहां उसे सभी प्रकार के शारीरिक दण्डों से मुक्त बताया गया है।[17] ब्राह्मण को पूर्ण रूपेण अवध्य, अबन्ध्य, अदण्ड्य, अबहिष्कार्य, अपरिवाद्य तथा अपरिहार्य माना जाने लगा था।[18] यह भी कहा गया है, कि ब्रह्महत्या करने वाला

व्यक्ति महापातक के रूप में सहस्रों वर्षों तक स्वर्ग प्राप्त नहीं कर सकता।[19] अतः ब्राह्मण के प्रति भर्त्सना, निघ्रात, लोहित-दर्शन आदि अत्यन्त जघन्य अपराध माने जाते थे।[20] इसका कारण यह था, कि ब्राह्मण याज्ञिक क्रियाएँ करता था, वैदिक साहित्य का संरक्षण एवं परिवर्द्धन करता था तथा प्रत्येक आपदा से समाज की रक्षा करता था।[21]

ब्राह्मणों से कर भी इस समय नहीं किया जाता था।[22] उसकी धन-सम्पदा राजा के लिए भी अग्राह्य थी।[23] शैक्षणिक एवं धार्मिक क्षेत्र में ब्राह्मणों के योगदान के बदले कई अन्य प्रकार की सुविधाएँ एवं विशषाधिकार भी उन्हें प्रदान किए गए थे। अन्य सभी वर्णों की तुलना में ब्राह्मण का समाज में सर्वाधिक मान सम्मान एवं प्रतिष्ठा थी।

ब्राह्मणों के लिए आपद्स्थितियों में विजातीय वर्ण धर्म अपनाने की भी छूट थी। जीवन यापन ना कर पाने की स्थति में ब्राह्मण अपने से निम्न क्षत्रिय अथवा वैश्य वृत्ति भी अपना सकता था।[24]

सूत्र साहित्य काल में यदि ब्राह्मणों से क्षत्रियों की तुलना करें तो किसी भी दृष्टि में वे इनसे कम नहीं थे। हालांकि ब्राह्मणों से उसकी प्रतिद्वन्द्विता एवं स्पर्धा भी रहती थी किन्तु फिर भी परस्पर समन्वय एवं सौहार्द था।

महाकाव्यों में भी वर्ण व्यवस्था का कमोवेश वही स्वरूप था जो उत्तर वैदिक कालीन साहित्य में दिखाई देता है। सामाजिक संगठन में अब भी चार पायदान ब्राह्मण, क्षत्रिय, वैश्य एवं शूद्र थे जिनकी तुलनात्मक स्थिति भी इसी क्रम में बनी रही। वेद की ही भाँति अब भी वर्णोत्पत्ति परमपुरुष से ही मानी जाती थी।[25]

'ब्राह्मण' तुलनात्मक रूप से अब भी सर्वोच्च एवं सर्वश्रेष्ठ स्थिति में था। परमपुरुष के मुख से उसकी उत्पत्ति स्वीकार करके उसकी श्रेष्ठता एवं विशिष्टता को मान्यता दी गई थी। ब्राह्मण की स्थिति भूमिचर देवता की थी।[26] अपनी विद्वता एवं ज्ञान के कारण विख्यात एवं पूजनीय माना जाता था। महाभारत में कहा गया है, कि ब्राह्मण चाहे विद्वान हो या अविद्वान, प्राकृत हो या संस्कृत, चाहे जैसा हो जिस अवस्था में हो उसका अनादर नहीं किया जा सकता।[27]

स्पष्ट है, कि महाकाव्य काल में ब्राह्मणों की तुलनात्मक स्थिति प्रत्येक दृष्टि से उच्च मानी गई थी। समाज में अपनी त्यागी एवं तपस्वी जीवन शैली के कारण वह प्रतिष्ठित था। अपने ज्ञान एवं बुद्धि से वह द्विज वर्णों को शिक्षित ही नहीं करता था अपितु उनके बौद्धिक उत्कर्ष में भी सहायक होता था। धार्मिक अनुष्ठानों एवं यज्ञों

को सम्पन्न करके वह समाज की मंगल-कामना करता तथा दैवी आपदाओं एवं बाधाओं से समाज की रक्षा करता था। समाज का सांस्कृतिक एवं आध्यात्मिक उत्कर्ष उसी की महत्वपूर्ण सेवाओं पर निर्भर करता था।

अपने विभिन्न उच्चस्तरीय कार्यों के कारण अब ब्राह्मण तुलनात्मक रूप समाज का सबसे महत्वपूर्ण अंग बन गया था, साथ ही अनेकानेक विशेषाधिकार भी उसे मिल गए थे। उसका वध नहीं किया जा सकता था।[28] ब्राह्मण से कर भी नहीं लिया जा सकता था।[29]

किन्तु सभी विशेषाधिकार ब्राह्मणों की योग्यता को दिए जाते थे। ब्राह्मण के लिए स्वधर्म पालन अर्थात् यजन-याजन, अध्ययन-अध्यापन आदि परम आवश्यक था तथा इसी से ब्राह्मण पूजनीय एवं महत्वपूर्ण बनता था।

ब्राह्मण का जीवन पूर्णतः श्लाघ्या एवं वांछा से रहित होता था अतः धन संग्रह उसके लिए निषिद्ध था।[30] हालांकि ब्राह्मण आजीविका के लिए विजातीय वर्ण-धर्म भी अपनाया करते थे। इसी से ब्राह्मणों की छः श्रेणियां भी ज्ञात होती हैं- ब्रह्मसम, देवसम, शूद्रसम, चाण्डालसम, क्षत्रसम एवं वैश्यसम।

ब्राह्मणों की इन कोटियो से यह तो स्पष्ट हो, जाता है, कि महाकाव्य काल में ब्राह्मण किसी भी वर्णधर्म को अपना लेते थे। हालांकि ऐसे ब्राह्मणो की प्रायः निन्दा भी होती थी।[31] किन्तु फिर भी द्रोणाचार्य, कृपाचार्य, अश्वत्थामा जैसे कुछ ब्राह्मण भी समाज में थे जिनकी वृत्ति क्षत्रियों वाली थी किन्तु उनका सम्मान ब्राह्मण रूप में भी पर्याप्त था।

यह बात भी महत्वपूर्ण है, कि वृत्ति चाहे जो भी अपनाएं ब्राह्मण कहलाते 'ब्राह्मण' ही थे। अश्वत्थामा जैसा ब्राह्मण जो कि अपनी प्रवृत्तियों से भी ब्राह्मण नहीं था किन्तु मात्र जन्मना ब्राह्मण होने के कारण मृत्युदण्ड नहीं पाता है। अतः स्पष्ट है, कि तुलनात्मक दृष्टि से ब्राह्मण सर्वोच्च एवं अत्यन्त लाभप्रद स्थिति में महाकाव्य काल में भी बने रहे।

प्राचीन भारत के **बौद्ध युगीन** साहित्य से पता चलता है कि समाज अब भी वर्णों में विभाजित था। कितने ही बौद्ध ग्रन्थ हैं जो इस सन्दर्भ में महत्वपूर्ण जानकारियाँ हमें उपलब्ध कराते हैं। समाज में अभी भी वे ही चार वर्ण- ब्राह्मण, क्षत्रिय, वैश्य एवं शूद्र थे। यह बात अलग है, कि अब वर्ण व्यवस्था अपने जटिलतम रूप में आ

चुकी थी। यही कारण है, कि इस काल में वर्ण व्यवस्था की जटिलता का जमकर विरोध हुआ।

चारों वर्णों की तुलनात्मक स्थितियों में तीव्रता से बदलाव आया। हालांकि बुद्ध ने वर्ण व्यवस्था को नहीं अस्वीकार किया था, किन्तु उन्होंने वर्णों की तुलनात्मक महत्ता में क्रान्तिकारी परिवर्तन कर दिया था। वर्णों के मध्य ऊँच-नीच, भेद-भाव तथा सामाजिक श्रेष्ठता का अन्तर इस सीमा तक आ गया था कि बौद्धिक एवं सामाजिक श्रेष्ठता के लिए प्रतिस्पर्धा एवं संघर्ष प्रारम्भ हो गया था। ब्राह्मणों एवं क्षत्रियों के मध्य यह संघर्ष अधिक तीव्र था जिसमें बुद्ध ने अपना सीधा हस्तक्षेप किया।

तुलनात्मक रूप से इस युग में **'ब्राह्मण'** की प्रतिष्ठा एवं सम्मान को बहुत बड़ा आघात लगाा था। इस युग में वर्ण के लिए पूर्णरूपेण कर्मणा को स्वीकार किया गया था तथा जन्मना को ठुकरा दिया गया था। स्पष्ट है, कि आनुवंशिकता को अब अमान्य करार दे दिया गया था।

ब्राह्मण जन्मना ही प्रतिष्ठा एवं सम्मान का अधिकारी अब नहीं समझा जाता था। उनकी परम्परागत श्रेष्ठता को चुनौती दे दी गई थी। आचारवान ब्राह्मण की प्रशंसा तो की जाती थी, किन्तु आचारहीन ब्राह्मण की भर्त्सना। बौद्ध साहित्य में यह कहा गया है, कि मात्र उच्च कुल में जन्म लेने से कोई उच्च नहीं होता अपितु अपने सत्कर्म, सदाचरण एवं सच्चरित्रता से ही कोई भी उच्च हो सकता है।

यदि तुलनात्मक रूप में कहें, तो इस समय में ब्राह्मणों की स्थिति में अन्य वर्णों की अपेक्षा काफी गिरावट आई। ब्राह्मण के जन्मना विशेषाधिकार अस्वीकार कर दिए गए थे। आश्वलायन ब्राह्मण को बुद्ध स्वयं यह स्वीकार करवाते है कि मात्र ब्राह्मण ही स्वर्ग सुखोपभोग का अधिकारी नहीं होता है वरन् अपने पुण्य कर्मों के आधार पर क्षत्रिय, वैश्य यहां तक कि शूद्र की स्वर्ग जा सकते थे।[32]

स्वयं बुद्ध यह कहते है, कि जन्म से ना कोई चाण्डाल होता है और ना ब्राह्मण।[33] स्पष्ट है, कि ब्राह्मण की तुलना चाण्डाल से की जा रही है। ये समस्त उक्तियाँ इस बात की सूचक हैं, कि अब ब्राह्मण अन्य वर्णों के साथ एक कतार में खड़ा था। यहां तक कि अध्ययन-अध्यापन पर ब्राह्मणों के एकाधिकार को भी चुनौती दी गई थी। किसी कर्म विशेष पर किसी वर्ण विशेष के अधिकार को अब अस्वीकार कर दिया गया था।

हर प्रकार के ब्राह्मण इस समाज में देखे जाते थे। विद्वान भी, अविद्वान भी, सदाचारी भी, दुराचारी भी। कुछ ब्राह्मण अब भी वैदिक नीति नियमों के अनुपालन को अपना धर्म समझते थे तो कुछ बुद्ध के मानव धर्म को भी स्वीकार कर रहे थे। कहने का तात्पर्य यह कि अब ब्राह्मण, समाज का एक सामान्य वर्ण बन गया, था जो किसी भी अन्य वर्णों की भाँति ही श्रेष्ठ या निकृष्ट हो सकता था।

सन्दर्भ-सूची

1. ऋग्वेद, 10/90/12, ब्राह्मणोऽस्य मुखमासीद् बाहु राजन्यः कृतः।
उरु तदस्य यद् वैश्यः पद्भ्यांशूद्रोऽअजायत।।
2. वही, 1/164/45,
3. वही, 9/112/3, कारूरहं ततो भिषगुलप्रक्षिणी नना।
नानाधियो वसूयवोऽनु गा इव तस्थिम।।
4. वही, 7/64/2,
5. अथर्ववेद, 3/5/7,
6. वही, 5/17/19,
7. तैत्तिरीय ब्राह्मण, 1/2/6,
8. तैत्तिरीय संहिता, 1/7/31,
9. अथर्ववेद, 5/19/8/15,
10. ऐतरेय ब्राह्मण 401, न वा अपुरोहितस्य देवाः अन्नं अदन्ति तस्माद्राजा यज्ञयकाणो ब्राह्मणं पुरोदधीत देवाने मे अन्नम् अदन्निति।
11. शतपथ ब्राह्मण, 5/34/20,
12. आपस्तम्बधर्मसूत्र, 1/1/1/5, तेषां पूर्वः पूर्वो जन्मतश्श्रेयान्।।
13. गौतमधर्मसूत्र, 17/1/6, तदुपनयनं द्वितीयं जन्म। अत्रास्य माता सावित्री पितात्वाचार्यः।
तेन द्विजन्मत्वासिद्धिः।।
14. वही, 9/1, राजा सर्वश्रेष्ठे ब्राह्मणवर्जनम्।।
15. वही, 6/21-22, चकिदशमीस्थानुग्राह्यबधूस्नात् कराजैम्यः पथोदानम्।
राज्ञः तु श्रौत्रियाम्।

16.	आपस्तम्बधर्मसूत्र, 12/5/11/5-9,	राज्ञः पन्था ब्राह्मणे नासयेत्त्य। समेत्य तु ब्राह्मणस्य पंथाः।।
17.	गौतमधर्मसूत्र, 12/43,	न शारीरी ब्राह्मण दण्डः।
18.	वही, 8/12-13,	यत्तुषड्भिः परिहार्यो राजा अवध्यश्चावन्ध्यश्चा- दण्डश्चाबाहिश्कार्यश्चापरिवाद्यश्चापरिहार्यश्चेति।
19.	वही, 21/1,	
20.	वही, 22/20-22,	अभिक्रुद्धा वगोरणं ब्राह्मणस्य वर्षशतमस्वर्ग्यम्। निधाते सहस्रम्। लोहितदर्शने यावतस्तत्प्रस्फद्य पांसून् संगहणीयात्।।
21.	वसिष्ठधर्मसूत्र, 1/44-106,	इष्टापूर्तस्य तु षष्ठमश अजतीति। ब्राह्मणो वु वेदपाठ्य करोति ब्राह्मण आषद उद्धरति।
22.	आपस्तम्बधर्मसूत्र, 2/10/24/10,	अकरः श्रोत्रियः।
23.	गौतमधर्मसूत्र, 10/1-2,	ब्राह्मणस्याधिकाः प्रवचनयाजनप्रतिग्रह्य।।
24.	वही, 7/6-7,	क्षत्रियस्य वैश्यवृत्युपजीवनं।
25.	रामायण, 3/14/29-30,	मुखतो ब्राह्मणा जाता उरसः क्षत्रियास्तथा। उरुभ्यां जज्ञिरे वैश्या पद्भ्यां शूद्रा........।।
	महाभारत, 12/4-5,	ब्राह्मणो मुखतः सृष्ट ब्राह्मणो राजसत्तम। बाहुभ्यां क्षत्रियः सृष्ट उरुभ्यां वैश्य एव च।। वर्णश्चतुर्थः संभूत पद्भ्यां शूद्रो विनिर्मितः।।
26.	महाभारत, 12/39/1,	भूमिचराः देवाः।।
27.	वही, 3/200/8,	
28.	वही, 1/28/3,	अवध्यः सर्वभूतानां ब्राह्मणोह्यनलोपमः।।
29.	वही, 12/76/19,	अब्राह्मणानां वित्तस्य स्वामि राजेति वैदिकम्।।
30.	वही, 13/61/19,	
31.	वही, 12/62/4-5,	शूद्रो राजन् भवति ब्राह्मबन्धुर्दुश्चरित्रो यश्च धर्मादपेतः।।
32.	मज्झिम निकाय, 2, पृ. 150,	
33.	सुत्त निपात, 1/7/21,	

❖ ❖ ❖

सन्दर्भ ग्रन्थ-सूची

मौलिक ग्रन्थ

(क) वैदिक साहित्य

संहिता

ऋग्वेद : वैदिक शोध संस्थान, पूना, 1937-46 ।

अथर्ववेद : निर्णय सागर प्रेस, बम्बई, 1895-98 ।

काठक संहिता : सम्पादक वान श्रेडर, लिपजिंग, 1900-11 ।

तैत्तिरीय संहिता : भारत मुद्रणालय, श्रीपाद शर्मा, ओधनगर, 1945, कलकत्ता, 1854 ।

वाजसनेयी संहिता : महीधर भाष्य सहित, सम्पादक ए. वेबर, लन्दन, 1852।

मैत्रायणी संहिता : भारत मुद्रणालय, औन्ध (सतारा), 1942 ।

ब्राह्मण ग्रन्थ

ऐतरेय : सम्पादक टी. आफ्रेखट वान, जर्मनी, 1874, त्रिवेन्द्रम्, 1942

तैत्तिरीय : सम्पादक राजेन्द्र लाल मिश्र, कलकत्ता, 1855-1870 ।

पञ्चविंश : सम्पादक ए. वेदान्त वागीश, कलकत्ता, 1869-74।

शतपथ : सम्पादक वेबर, चौखम्बा प्रकाशन, 1964 ।

आरण्यक

ऐतरेय : सम्पादक ए. वी. कीथ, ऑक्सफोर्ड, 1909 ।

तैत्तिरीय : सम्पादक हरिनारायण आप्टे, पूना, 1898 ।

उपनिषद्

कठोपनिषद्	: निर्णय सागर, 1930 ।
छान्दोग्योपनिषद्	: निर्णय सागर, 1930 ।
तैत्तिरीयोपनिषद्	: निर्णय सागर, 1930 ।
मैत्रायणी उपनिषद्	: निर्णय सागर, 1930 ।
बृहदारण्यकोपनिषद्	: निर्णय सागर, 1930 ।
श्वेताश्वरोपनिषद्	: निर्णय सागर, 1930 ।

(ख) सूत्र साहित्य

श्रौत्रसूत्र

आपस्तम्ब	: सम्पादक, आर. गारबे, कलकत्ता, 1882 ।
कात्यायन	: सम्पादक, ए. वेबर, लन्दन, 1855 ।
शांखायन	: सम्पादक हिल ब्रान्ट, कलकत्ता, 1882 ।

गृह्यसूत्र

आपस्तम्ब	: चौखम्बा संस्कृत प्रकाशन, वाराणसी, 1928 ।
कौशिक	: सम्पादक एम. ब्लूम फील्ड, न्यूहेवेन, 1890 ।
जैमिनी	: श्री निवास कृत, सुबोधिनी संहित ।
बौधायन	: सम्पादक आर. शामशास्त्री, मैसूर, 1920 ।
भारद्वाज	: सम्पादक आर. शामशास्त्री, मैसूर, 1920 ।
वैखानस	: सम्पादक, एफ. नॉवर सेण्ट, पीटर्सबर्ग, 1897 ।
शंखायन	: सम्पादक एच. ओल्डेन बर्ग ।

धर्मसूत्र

आपस्तम्ब	: चौखम्बा संस्कृत सीरीज, वाराणसी, 1969 ।
गौतम	: अंग्रेजी अनुवाद जार्जबूलर, सै. बु. ई., भाग-2, वाराणसी, 1965 ।
बौधायन	: चौखम्बा संस्कृत सीरीज, वाराणसी, 1934 ।

वसिष्ठ	:	सम्पादक, ए0ए0 फ्यूहरर, बम्बई, 1916 ।
विष्णु	:	सम्पादक जे0जॉली, कलकत्ता, 1881 ।
भगवती	:	सम्पादक घेवर चन्द्र भाटिया, शैलान, 1966 ।

(ग) महाकाव्य

रामायण	:	सम्पादक, भगवद्दत्त, लाहौर, 1931 ।
महाभारत	:	नीलकण्ठ की टीका सहित, पूना, 1929–33, गीता प्रेस, गोरखपुर ।

(घ) पुराण

अग्नि	:	सम्पादक राजेन्द्र लाल मिश्र, बिब्लिओथिका इण्डिका, कलकत्ता, 1873–79, आनन्दाश्रम संस्कृत सीरीज, पूना, 1900
ब्रह्माण्ड	:	वेंकटेश्वर प्रेस, बम्बई, 1933 ।
मत्स्य	:	आनन्दाश्रम, मुद्रणालय, पूना, 1907 ।
वायु	:	वेंकटेश्वर प्रेस, बम्बई, 1933 ।
विष्णु	:	वेंकटेश्वर प्रेस, बम्बई, 1912 ।

(ङ) स्मृति

कात्यायन	:	सम्पादक एन0सी0 बंध्योपाध्याय, कलकत्ता, 1927 ।
नारद	:	सम्पादक, जे0जॉली, वाराणसी, 1965 ।
पाराशर	:	वेंकटेश्वर प्रेस, बम्बई, 1958 ।
बृहस्पति	:	ए0फ्यूहरर, लिपजिंग, 1879 ।
मनु	:	मेधातिथि भाष्य सहित, कलकत्ता, 1932–37 ।
याज्ञवल्क्य	:	मिताक्षरा (विज्ञानेश्वर कृत), बम्बई, 1909

आधुनिक सहायक ग्रन्थ

1. अवस्थी, अवधबिहारी लाल : गरुड़ पुराण– एक अध्ययन, कैलाश प्रकाशन, लखनऊ, 1968 ।

2. अवस्थी, शशी : प्राचीन भारतीय समाज, पटना, 1981 ।

3. अल्तेकर, ए. एस. : प्राचीन भारतीय शासन व्यवस्था, वाराणसी, 1956 ।

4. आर. शरण : प्राचीन भारतीय इतिहास, संस्कृति एवं पुरातत्त्व, राधा पब्लिकेशन्स, दिल्ली, 2002 ।

5. अल्तेकर, ए. एस. : भारतीय जन का इतिहास ।

6. ओझा, ए. पी. : प्राचीन भारत के सामाजिक स्तरीकरण ।

7. ओझा, श्रीकृष्ण : प्राचीन भारत में सामाजिक स्तरीकरण, इलाहाबाद, 1992

8. ओम प्रकाश : प्राचीन भारत का इतिहास, दिल्ली, 1971 ।

9. अल्तेकर, ए. एस. : एजूकेशन इन एन्शियन इण्डिया, प्राचीन भारतीय शिक्षण पद्धति ।

10. अंगनेलाल : संस्कृत और बौद्ध साहित्य में भारतीय जीवन, कैलाश प्रकाशन, लखनऊ, 1968 ।

11. उपाध्याय, आचार्य बलदेव : वैदिक साहित्य एवं संस्कृति, वाराणसी, 1995 ।
: पुराण-विमर्श, चौखम्बा विद्याभवन, वाराणसी
: संस्कृत साहित्य का इतिहास, वाराणसी, 1982 ।

12. काणे, पी. वी. : धर्मशास्त्र का इतिहास, पूना, 1946 ।

13. कौशाम्बी, डी. डी. : प्राचीन भारत की संस्कृति और सभ्यता, दिल्ली, 1956
: हिन्दु अनुवाद, धर्मशास्त्र का इतिहास, 1, उ0प्र0 हिन्दु संस्थान, स्वास्तिक प्रिंटिंग प्रेस, लखनऊ, 1992 ।

14. कुमार, नरेन्द्र : धर्मसूत्रों में आचार संहिता, विद्यानिधि प्रकाशन, दिल्ली, 1999 ।

15. कुमार, कृष्ण : प्राचीन भारत की प्रशासनिक एवं राजनीतिक संस्थाएँ ।
: प्राचीन भारत की शिक्षा पद्धति, श्री सरस्वती सदन, नई दिल्ली, 1999 ।

16. गुप्ता, मोतीलाल : भारतीय सामाजिक संस्थाएँ, जयपुर, 1973 ।

17. गुप्त परमेश्वरी लाल : प्राचीन भारत के प्रमुख अभिलेख, विश्वविद्यालय प्रकाशन, तृतीय संस्करण, 1996 ।

18. गुप्ता देवेन्द्र कुमार : प्राचीन भारतीय समाज एवं अर्थव्यवस्था न्यू भारतीय बुक कार्पोरेशन, दिल्ली, 2004 ।

19. गुप्त, मानिक लाल : भारतीय इतिहास, एटलांटिक पब्लिशर्स एण्ड डिस्ट्रीब्यूटर्स, 2000 ।

20. गुप्ता, शान्ति स्वरूप : भारतीय संस्कृति में वर्ण–व्यवस्था, साहित्य सरकार, दिल्ली, 2000 ।

21. गुप्ता, सुमन : प्राचीन भारत का सामाजिक इतिहास, स्वामी प्रकाशन, राजस्थान, 2000 ।

22. गोखले, बी.जी. : प्राचीन भारत, बम्बई 1957 ।

23. घोषाल, यू. एम. : हिस्ट्री ऑफ पब्लिक लाइफ इन ऐंशियन्ट इण्डिया, कलकत्ता, 1957 ।

: स्टडीज इन इण्डियन हिस्ट्री एण्ड कल्चर, ऐंशियेंट लॉगमेन्स, 1957 ।

31. चकलदार, एच. सी. : सोशल लाइफ इन एण्शियन्ट इण्डिया, कलकत्ता, 1929

32. चतुर्वेदी, भरतलाल : महाभारतकालीन समाज व्यवस्था (शोध–प्रबन्ध), विद्या प्रकाशन मन्दिर, नई दिल्ली, 1981 ।

33. चौधरी, आर. के. : प्राचीन भारत का आर्थिक इतिहास, जानकी प्रकाशन, नई दिल्ली, 1986 ।

34. चट्टोपाध्याय, एस. : अर्ली हिस्ट्री ऑफ नॉर्थ इण्डिया, अध्याय 1,2,3,4 ।

35. चाइल्ड, गार्डन : दि आर्यन्स

36. चरियार, सुन्दरा : स्टडीज इन रामायण ।

37. जायसवाल, मंजुला : वाल्मीकि युगीन भारत, महामति प्रकाशन, इलाहाबाद, 1983 ।?

38. जायसवाल, सुवीरा : जाति वर्ण–व्यवस्था (हिन्दी अनुवाद), आदित्य नारायण सिंह, 2004 ।

: वैष्णव धर्म का उद्भव एवं विकास, नागरी प्रिन्टर्स, दिल्ली, 2005 ।

39. जैन, कैलाश चन्द्र : प्राचीन भारत का सामाजिक सांस्कृतिक एवं भौगोलिक अध्ययन, युनिवर्सिटी पब्लिकेशन्स, नई दिल्ली, 1999 ।

40. जैन, जगदीश चन्द्र : जैन आगम साहित्य में वर्णित भारतीय समाज, चौखम्बा विद्याभवन चौक, वाराणसी, 1965 ।

41. जैन, के. सी. : प्राचीन भारतीय सामाजिक और आर्थिक संस्थाएँ, मध्यप्रदेश, हिन्दी ग्रन्थ अकादमी, भोपाल, 1981 ।

42. जौहरी, मनोरमा : वर्णाश्रम व्यवस्था, भारतीय विद्या प्रकाशन, वाराणसी, 1969 ।

43. तिवारी, शकुन्तला रानी : महाभारत में धर्म, आगरा, 1970 ।

44. ठाकुर, लक्ष्मीदत्त : प्रमुख स्मृतियों का अध्ययन, उ. प्र. हिन्दी संस्थान, लखनऊ, 1965 ।

45. दास, ए. सी. : ऋग्वैदिक इण्डिया, कलकत्ता, 1925 ।

46. दत्त, नृपेन्द्र कुमार : ओरिजन एण्ड ग्रोथ ऑफ कास्ट, कलकत्ता, 1931, 1969।

47. द्विवेदी, कपिल देव : वैदिक साहित्य एवं संस्कृति, ...संस्करण, अमृतसर ।

48. दूबे, सत्यमित्र : मनु की समाज व्यवस्था, किताब महल, इलाहाबाद, 1964।

49. दूबे, सीताराम : बौद्धयुगीन भारत, (शोध लेख संग्रह), प्रतिभा प्रकाशन, नई दिल्ली, 1996 ।

50. घुये, जी. एस. : करन्ट क्लास, एपेकेशन, बम्बई, 1961 ।

51. पाठक, सर्वानन्द : विष्णु पुराण का भारत, वारणसी, 1967 ।

52. पाण्डेय, सुस्मिता : समाज, अर्थ व्यवस्था एवं धर्म, भोपाल, 1991 ।

53. पाण्डेय, वी. सी. : प्राचीन भारत का इतिहास, मेरठ, 1962 ।

54. पाण्डेय, राजबली : भारतीय इतिहास की भूमिका, दिल्ली, 1949 ।

55. पाण्डेय, विनोद चन्द्र : प्राचीन भारत, 1974 ।

56. पाण्डेय, विमल चन्द्र : प्राचीन भारत का सामाजिक इतिहास, हिन्दुस्तान एकेडमी, इलाहाबाद, 1960 ।

57. पायिक्कर : भारतीय इतिहास का सर्वेक्षण, बम्बई, 1957 ।

58. पिल्लय, जी. के. : ओरिजन एण्ड डेवलेपमेन्ट ऑफ कास्ट, इलाहाबाद ।

59. प्रभु, पी. एन. : हिन्दू सोशल आर्गनाइजेशन, बम्बई, 1958 ।

60. प्रसाद, बेनी : हिन्दुस्तान की प्राचीन सभ्यता, प्रयाग, 1931 ।

61. वेबर, एम. : दि स्टडी ऑफ सोशल एण्ड इकॉनोमिकल आर्गनाइजेशन

62. बेलोर, बी. : कौटिल्यिन स्टुडियन

63. बुद्ध प्रकाश : स्टडीज इन इण्डियन हिस्ट्री एण्ड सिविलाइजेशन,आगरा, 1962 ।

64. भट्ट, जगदीश चन्द्र : रामायणकालीन समाज एवं संस्कृति, नैनीताल, भारतीय विद्या प्रकाशन, 1984 ।

65. भट्ट जनार्दन : बौद्धकालीन भारत, साहित्य रत्नमाला, कार्यालय, काशी, 1982 ।

66. भट्टाचार्य, सुखमय : महाभारत कालीन समाज, इलाहाबाद, 1966 ।

67. मजूमदार, आर. सी. : ऐंशियेन्ट इण्डिया, दिल्ली, 1977।

68. महतो, मोहनलाल : जातक कालीन भारतीय संस्कृति, बिहार राष्ट्रभाषा परिषद्, पटना, 1958 ।

69. मिश्र, जयशंकर : प्राचीन भारत का समाज, 1977 ।

70. मुखर्जी, आर. के. : हिन्दू सभ्यता, इलाहाबाद, 1956 ।

: प्राचीन भारत, अनुवादक बुद्ध प्रकाश, राजकमल प्रकाशन, 1962 ।

: चन्द्रगुप्त मौर्य और उसका काल, राजकमल प्रकाशन, नई दिल्ली, 1990 ।

71. मिश्र, जयशंकर : प्राचीन भारत का इतिहास, बिहार हिन्दी ग्रन्थ अकादमी, पटना, 2000 ।

72. मिश्र, विवेक एवं नीरजा : प्राचीन भारत में वर्ण–व्यवस्था एवं मूर्ति शिल्प, हरिद्वार

73. मिश्रा, श्याम मनोहर : प्राचीन भारत में आर्थिक जीवन, 1, 1997 ।

74. मिश्र, योगेन्द्र : मेगस्थनीज का भारत विवरण, पटना, 1951 ।

75. मिश्र, देवी प्रसाद : जैन पुराणों का सांस्कृतिक अध्ययन, इलाहाबाद, 1988

76. मिश्र, रामनाथ : प्राचीन भारतीय समाज, अर्थ-व्यवस्था एवं धर्म, भोपाल, 1991 ।

77. महाजन, वी. डी. : प्राचीन भारत का इतिहास, एस0चाँद एण्ड कम्पनी लि0, नई दिल्ली, 1962 ।

78. मेहता : प्रि बुद्धिस्ट इण्डिया ।

79. मैक्रिंडल : ऐंशियेन्ट इण्डिया, एज डिस्क्राइब्ड इन क्लासिकल लिट्रेचर, कलकत्ता, 1901 ।

80. मैकमिलन : भारत का सामाजिक, सांस्कृतिक और आर्थिक इतिहास, दिल्ली, 1975 ।

81. मोतीचन्द्र : प्राचीन भारत वेशभूषा, प्रयाग, सम्वत्, 2007 ।

82. मैक्समूलर, एफ. : हेरिटेज ऑफ इण्डिया।

83. राधाकृष्णन सर्वपल्ली : धर्म एवं समाज, राजपाल एण्ड सन्स, दिल्ली

84. राबर्टसन, बी. : एन हिस्टॉरिकल डिस्क्रिप्शन ऑफ ऐंशियेन्ट इण्डिया ।

85. रायचौधरी, एच. सी. : पॉलिटिकल हिस्ट्री ऑफ ऐंशियेन्ट इण्डिया, कलकत्ता, 1957 ।

86. राव, विजय बहादुर : उत्तर वैदिक समाज एवं संस्कृति, भारतीय विद्या प्रकाशन, वाराणसी, 1966 ।

87. रैप्सन, ए. जे. : कैम्ब्रिज हिस्ट्री ऑफ इण्डिया, जिल्द-१

88. लाला ज्ञान चन्द्र आर्य : वर्ण-व्यवस्था का वैदिक रूप, हरिद्वार, 1994 ।

89. व्यास, शान्तिकुमार नानूराम : रामायण कालीन समाज, साहित्यिक मण्डल, नई दिल्ली, 1964 ।

90. विद्यालंकार, सुमेधा : महाभारत में शान्तिपर्व, दिल्ली, 1984 ।

91. विद्यालंकार, सत्यकेतु : प्राचीन भारत का धार्मिक, सामाजिक एवं आर्थिक जीवन, नई दिल्ली, 1985 ।

: प्राचीन भारतीय इतिहास का वैदिक युग, नई दिल्ली, 2001।

: मौर्य साम्राज्य का इतिहास, नई दिल्ली, मसूरी, 1971, 1985 ।

92. व्यास, राजशेखर : प्राचीन भारत का इतिहास ।

93. शर्मा, राकेश : प्राचीन भारत में धार्मिक सहिष्णुता, नई दिल्ली, 2005

94. शर्मा, राधेश्याम : महाभारत में समाज, मनीषा प्रकाशन

95. शर्मा, रीता : प्राचीन भारत का इतिहास, वोहरा प्रकाशन, जयपुर, 1996।

96. शर्मा, व्यास : भारतीय इतिहास की मूल धाराएँ, राजस्थान प्रकाशन, जयपुर, 1997 ।

97. शास्त्री, फूलचन्द : वर्ण, जाति और धर्म, भारतीय ज्ञानपीठ, दिल्ली, 1989

98. शर्मा, आर0एस0 : प्राचीन भारत में भौतिक प्रगति एवं सामाजिक संरचनाएँ

99. शास्त्री, शाम : कौटिल्य अर्थशास्त्र, अनुवाद, मैसूर, 1951 ।

100. शर्मा, हरिश्चन्द्र : प्राचीन भारतीय, सामाजिक एवं राजनीतिक विचार एवं संस्थाएँ, जयपुर

101. शुक्ला, मीना : स्मृति ग्रन्थों में वर्णित समाज, ईस्टर्न बुक लिंकर्स

102. सहाय, शिवस्वरूप : हिन्दू सामाजिक संस्थाएँ एवं आर्थिक जीवन, मद्रास, 1962 ।

103. सिंह, विजयलक्ष्मी : रामचरितमानस में समाज दर्शन, मुजफ्फरनगर, 1987 ।

104. सिंह, मदन मोहन : बुद्धकालीन समाज और धर्म, बिहार, हिन्दी ग्रन्थ अकादमी, पटना, 1972 ।

105. सिंह, चन्द्र देव : प्राचीन भारतीय समाज और चिन्तन, वाराणसी, 1987

106. सिंह, परमानन्द : बौद्ध साहित्य में भारतीय समाज, महात्मा गांधी काशी विद्यापीठ, वाराणसी, 1996 ।

107. सिन्हा, विनोदचन्द्र : प्राचीन भारत का इतिहास, लखनऊ, 1979 ।

108. सरकार, एस. सी. : सम ऐस्पेक्ट्स ऑफ अर्लियेस्ट सोशल, हिस्ट्री ऑफ इण्डिया, (प्रीबुद्धिस्ट एजेज) लन्दन, 1928 ।

109. हिल, एच. सी. : ओरिजन ऑफ कास्ट इन इण्डिया, बम्बई, 1930 ।

110. हट्टन, जे. एच. : भारत में जाति प्रथा (अनुवाद मंगलनाथ सिंह), मोतीलाल बनारसीदास, वाराणसी, 1983 ।

111. त्रिपाठी, आर. एस. : हिस्ट्री ऑफ ऐंशियेन्ट इण्डिया, दिल्ली, 1942 ।

112. त्रिपाठी, शम्भुरत्न : भारतीय समाज और संस्कृति, कानपुर, 1963 ।

113. त्रिपाठी, रमाशंकर : प्राचीन भारत का इतिहास, मोतीलाल बनारसीदास, दिल्ली, 1980 ।

114. ज्ञानी, शिवदत्त : वेदकालीन समाज, चौखम्बा विद्या भवन, वाराणसी, 1967।

115. श्रीवास्तव, के.सी. : प्राचीन भारत का इतिहास तथा संस्कृति

116. श्रीमाली कृष्णमोहन एवं द्विजेन्द्र नारायण झा : प्राचीन भारत का इतिहास, दिल्ली, 1995 ।

❖ ❖ ❖